Mutmachbuch für Angehörige von Alkoholabhängigen

Erfahrungsberichte
von Angehörigen

Von

Sabine Haberkern

Schneider Verlag Hohengehren GmbH

Umschlaggestaltung:
PE-Mediendesign, Elke Pfiffner, 88521 Ertingen

Gedruckt auf umweltfreundlichem Papier (chlor- und säurefrei hergestellt).

Bibliografische Information der Deutschen Nationalbibliothek

Die Deutsche Nationalbibliothek verzeichnet diese Publikation in der Deutschen Nationalbibliografie; detaillierte bibliografische Daten sind im Internet über ›http://dnb.d-nb.de‹ abrufbar.

ISBN: 978-3-8340-0952-4 – **3. unveränderte Auflage**

Schneider Verlag Hohengehren,
Wilhelmstr. 13, D-73666 Baltmannsweiler

Printed in Germany – Druckerei Djurcic, Schorndorf

Inhaltsverzeichnis

Einleitung

Die Idee zu diesem Buch entstand, als ich an meinem „Mutmachbuch für ein Leben ohne Alkohol“ schrieb. Ich bin seit Jahren als Beraterin/ Sozialtherapeutin in einer Beratungsstelle für Menschen mit Alkoholproblemen und deren Angehörige tätig.

Unter anderem leitete ich dort lange Jahre die therapeutisch geleitete Angehörigengruppe und führte zahlreiche Paargespräche mit Angehörigen und Betroffenen, sowie Einzelgespräche mit Angehörigen.

Bereits als ich an meinem ersten Mutmachbuch arbeitete, war mir klar, dass ich auf jeden Fall auch ein Mutmachbuch für Angehörige schreiben würde.

In diesem Mutmachbuch für Angehörige von Alkoholabhängigen berichten sechs Angehörige aus ihrem Leben. (Namen und gewisse „Eckdaten“ sind aus Gründen der Anonymität abgeändert.)

Die Lebensgeschichten dieser Angehörigen machen betroffen und gehen unter die Haut. Sie zeigen, wie diese Angehörigen gelitten und gekämpft haben und was sie alles getan haben, in dem verzweifelten Versuch den Alkoholabhängigen vom Trinken abzuhalten und ihn zu „retten“.

Es zeigt, wie sinnlos und Kräfte zehrend dieser Kampf war und wie diese Angehörigen schließlich einen besseren Weg für sich gefunden haben.

Sämtliche Erfahrungsberichte sind therapeutisch „unterfüttert“ und zeigen in einer „verdichteten“ Sprache Lösungswege auf.

Jede dieser Lebensgeschichten ist ermutigend und kann Orientierungshilfe geben. **Dieses Mutmachbuch möchte Angehörige ausdrücklich ermuntern, für sich selbst Hilfe in Anspruch zu nehmen**. Viele Angehörige werden sich in den Lebensgeschichten wieder erkennen und gute Anregungen für sich selbst finden.

Fast alle Erfahrungsberichte sind von Ehefrauen bzw. Lebenspartnerinnen von Alkoholabhängigen. Es erwies sich als sehr schwierig, einen geeigneten männlichen Angehörigen zu finden, der bereit war, seine Erfahrungen als Partner einer alkoholabhängigen Frau zu schildern.

Dies spiegelt auch die Situation in den Angehörigengruppen wieder. Meist ist der Frauenanteil dort ungleich höher als der Männeranteil. Fast immer sind die Teilnehmerinnen Ehefrauen und Partnerinnen von Alkoholabhängigen, manchmal sind es auch die Mütter, Töchter oder Schwestern, die Hilfe suchend in die Angehörigengruppe kommen.

Leider finden nur wenige Männer den Weg in die Angehörigengruppen. Doch es war mir wichtig, wenigstens einen Erfahrungsbericht aus männlicher Sicht zu schildern, denn natürlich gibt es auch männliche Angehörige.

In diesen Lebensgeschichten berichten die Angehörigen schonungslos über sich und ihre alkoholabhängigen Angehörigen. Sie berichten wie es ihnen ergangen ist, solange der Angehörige noch getrunken hat. Sie schildern den Wendepunkt in ihrem eigenen Leben und was ihnen geholfen hat, ihr Leben in eine andere Richtung zu lenken.

Gisela, 48 Jahre

„Ich war am Ende meiner Kraft!“

„Schluchzend brach ich zusammen. **Ich schaffte das nicht mehr! Ich, die immer stark war, die immer alles im Griff hatte WAR AM ENDE MEINER KRAFT!**

Vor einigen Jahren, mein Mann hatte damals schon ein Alkoholproblem, war mein Mann an Krebs erkrankt. Er hatte eine schwere Operation gut überstanden, war aber natürlich sehr lange im Krankenstand.

Er war selbständig gewesen und sein Geschäft ging den Bach runter, er musste sein Geschäft schließen. Seither war er zu Hause und trank mehr denn je. Ich hatte zuerst gedacht, wenn er wieder gesund ist, wird er sich wieder aufrappeln.

Fakt war, er war nicht mehr belastbar und er hatte resigniert. Er glaubte nicht mehr daran, jemals auf dem freien Arbeitsmarkt wieder Fuß zu fassen. Und mir dämmerte, dass das stimmte. Er war Anfang Fünfzig, er war gesundheitlich geschwächt und seit vielen Jahren alkoholabhängig. Er hatte auf dem freien Arbeitsmarkt wohl kaum noch eine Chance.

Wir hatten spät Kinder bekommen. Unser großer Sohn war in der Pubertät, unser kleiner Sohn war erst 10 Jahre alt. Ich hatte den Anspruch, dass jemand zu Hause sein sollte, wenn die Kinder von der Schule kamen und dass es einmal am Tag ein warmes Essen geben sollte.

Doch es war nicht mehr zu schaffen für mich. Seit mein Mann im Krankenstand war, hatte ich wieder eine Teilzeitstelle als Sachbearbeiterin aufgenommen. In Kürze würde mein Mann von seiner Krankenkasse ausgesteuert werden. Das bedeutete, dass sein Krankengeld wegfiel und ich meine Teilzeitstelle aufstocken musste.

Von meinem Mann war nichts mehr zu erwarten. Er trank von früh bis spät und schlief am glockenhellen Tag seinen Rausch aus. Ich hatte versucht, ihn dazu zu bewegen, wenigstens im Haushalt etwas zu helfen. An manchen Tagen räumte er etwas auf, meistens war er jedoch zu betrunken, um mich auch nur ein bisschen zu entlasten.

Die Kinder brachten schon lange keine Freunde mehr mit nach Hause. Sie schämten sich, wenn ihr Vater nur betrunken auf dem Sofa herumlag. Unser großer Sohn hatte schon längst allen Respekt vor seinem Vater verloren und sogar unser kleiner Sohn, der meinen Mann sehr liebte und ihn vergötterte, zog sich von seinem Vater immer mehr zurück. **Meine Kinder hatten sich längst auf meine Seite geschlagen. Mein Mann war in der Familie isoliert.**

Sylvia Berke beschreibt in ihrem Buch „Familienproblem Alkohol“ die Auswirkungen und Verschiebungen, die Familienmitglieder häufig durch eine Suchterkrankung eines Familienmitglieds durchlaufen. Alle Familienmitglieder, Kinder genauso wie Erwachsene, sind betroffen. Das gesamte Familiensystem verändert sich.

1. Die natürlichen Plätze, Rechte und Funktionen jedes Familienmitgliedes haben sich geändert.
2. Die natürliche Hierarchie in der Familie besteht nicht mehr.
3. Unter enormem Energieverschleiß bemüht sich jedes Familienmitglied, selbst das Kleinste, um Lösungsversuche.
4. Dadurch kommt niemand in dieser Familie mehr dazu, sich um die eigenen und ganz gesunden Bedürfnisse zu kümmern.
5. Persönliche Entwicklungen sind dadurch bei den einzelnen Familienmitgliedern zunehmend behindert.
6. Die zunehmende Isolation nach außen trägt zusätzlich dazu bei, dass der Spielraum jedes Einzelnen immer kleiner wird. (...) (Berke, 2004 S. 61)

All dies führt zu einem Verlust des Selbstwertgefühls und der Selbstachtung, auch bei den Angehörigen. Sämtliche Familienmitglieder verbiegen und verrenken sich, um aufzufangen, was irgendwie noch aufzufangen ist. Doch all diese gut gemeinten Rettungsversuche scheitern, solange, der Alkoholabhängige weiterhin trinkt.

Dies führt zu Versagensgefühlen, Scham- und Schuldgefühlen.

Sämtliche Familienmitglieder kreisen in ihrem Denken und Fühlen um Alkohol, die Angehörigen oft genauso wie der Alkoholabhängige.

Schon oft hatte ich mit meinem Mann geredet, dass er weniger trinken soll und jetzt – nach überstandener Krankheitsphase – wieder Verantwortung für die Familie übernehmen soll. Doch er war völlig mutlos und fühlte sich zu nichts mehr nütze.

Vor ca. 2 Jahren hatte er eine stationäre Alkoholentwöhnungsbehandlung gemacht. Doch er war kaum aus der Fachklinik zurück, als er rückfällig war. Ich hielt von dem ganzen Therapiegequatsche gar nichts. Meinem Mann jedenfalls hat es damals nichts geholfen.

Ich war so erschöpft! Ich war so überfordert. Die letzten Jahre musste ich alles alleine schaffen und ich war hart und dominant geworden.

Es musste immer alles nach meinem Kopf gehen. Im Büro musste ich Leistung bringen, zu Hause hing alles an mir. Ich konnte mich selbst nicht mehr leiden. Wo war meine Warmherzigkeit geblieben? Ich war ein Nervenbündel geworden, ging wie ein HB-Männchen beim kleinsten Anlass in die Luft. Doch ich sah keine Lösung!

Sollte ich mich trennen? Mein Mann würde auf der Straße landen. Da war ich mir fast sicher. Mein Mann war meine große Liebe gewesen. **Als wir geheiratet haben, war mir völlig klar, dass mein Mann einen starken Hang zum Alkohol hatte. Doch ich war damals wirklich davon überzeugt gewesen, dass meine Liebe zu ihm das Alkoholproblem in Luft auflösen würde.**

Er hatte für mich seine Familie und sein Heimatland verlassen und war mir nach Deutschland gefolgt. Wir hatten uns so geliebt. Sollte dieser wundervolle Mensch als Penner enden? Ich wollte das natürlich nicht, aber **der jetzige Zustand war nicht mehr tragbar für mich.**

Das war MEIN WENDEPPUNKT.

Mut ist: Ein Schritt tun, trotz Angst

Ich hab die Kinder ins Auto gepackt und bin zum Kinderarzt gefahren. Ich wollte von diesem Fachmann wissen, was für die Kinder besser war. Sollten sie mit einer völlig überforderten Mutter und einem betrunkenen Vater groß werden, oder sollten sie ohne Vater groß werden? Was war schlimmer für die Kinder? Der Arzt hat sich natürlich nicht festgelegt. Er meinte, ich solle Kontakt zum Jugendamt und zur Psychosozialen Beratungsstelle für Menschen mit Alkoholproblemen und deren Angehörige aufnehmen.

Beim Jugendamt haben sie mich auch auf die Beratungsstelle verwiesen. Ansonsten sahen sie keine Möglichkeit mir zu helfen. Mein Mann war ja nicht gewalttätig und die Kinder waren versorgt.

Ich war am Rande eines Nervenzusammenbruchs, als ich einen Termin in der Beratungsstelle vereinbarte. Mein Mann war von der Beraterin dort vor 2 Jahren in die Alkoholentwöhnungsbehandlung vermittelt worden. Die Kinder hab ich zu dem Gespräch mitgenommen.

Die Beraterin konnte sich noch an meinen Mann erinnern. Sie hat uns angehört und mir dringend empfohlen, in die Angehörigengruppe zu gehen. Die Kinder hat sie dann gebeten, im Wartezimmer zu warten, weil sie die Mama alleine sprechen wollte. Sie hat mir gesagt, **dass die Kinder und ich offensichtlich eine Koalition gegen meinen Mann gebildet hätten. Sie hat mir erklärt, dass die Kinder damit überfordert seien, weil sie damit die Kinderebene verlassen würden und auf eine Erwachsenenebene gehoben würden.**

Ich habe gleich verstanden, was sie meinte. Sie meinte, am leichtesten ließe sich das auflösen, indem ich meinen Mann wieder wie einen erwachsenen Mann behandeln würde und die Kinder in die Probleme, die wir Erwachsenen miteinander hatten, nicht mehr einweihen würde. Das würde die Kinder entlasten und mein Mann hätte eine Chance, wieder in die Verantwortung als Familienvater rein zu wachsen.

Ich hatte das verstanden. Doch ich wusste nicht, wie das in der Praxis gehen sollte! **Meinen Mann als erwachsenen Mann behandeln und von ihm zu erwarten, dass er wieder Verantwortung in der Familie übernimmt, hatte ich einfach aufgegeben**.

Die Beraterin hat gemeint, seither hätte ich das ja auch irgendwie alles bewältigt. Aber jetzt sei ich am Ende meiner Kraft und es würde sich in jedem Fall jetzt etwas verändern. Warum nicht den Weg wählen, der logisch war, nämlich, dass Mann und Frau sich die Verantwortung und die Arbeit für die Familie teilten und die Kinder einfach Kinder sein konnten?

Sie meinte auch, so wie ich über meinen Mann sprechen würde, würde ich ihn offensichtlich sehr lieben. Auch wenn ich ohne Hoffnung war und auch irgendwie wütend, dass er mich so im Stich gelassen hatte.

Die Krebserkrankung hatten wir zusammen durch gestanden, da war ich an seiner Seite gewesen und hatte alle meine Kräfte mobilisiert. Ich hatte so gehofft, dass er mit dem Krebs auch den Alkohol besiegen würde. Doch das Gegenteil war passiert.

Als ich die Beraterin gefragt habe, was sie meint, was für die Kinder am Besten sei, hat sie gesagt, **das Beste für alle Beteiligten sei vermutlich, wir würden meinen Mann „mit ins Boot holen“.** Wenn beide Elternteile auf der Erwachsenenebene agierten, könnten die Kinder unbelastet Kind sein.

Sie hat vorgeschlagen, dass wir ein Paargespräch vereinbaren. Ich war einverstanden. Zwar war ich mir nicht sicher ob mein Mann mitkommen würde, doch ich würde es probieren. Als wir zu Hause ankamen, hab ich die Kinder gebeten, dass sie mich mit ihrem Papa alleine lassen, da ich mit ihm etwas besprechen möchte. Mein Mann hat sich gewundert. Sonst standen die Kinder und ich meist wie eine Front vor ihm, wenn es etwas zu besprechen gab.

Bereits diese kleine Veränderung machte einen riesigen Unterschied! Mein Mann hat das sofort gespürt. Auch dass ich ihn nicht klein machen wollte, sondern dass er hier als erwachsener Mann gefragt war und dass **ICH IHN BRAUCHTE**, hat er sofort verstanden. Er hat „ja“ gesagt, zu dem Paargespräch.

Einige Tage zuvor, als ich ihm sagte, dass ich beim Kinderarzt und beim Jugendamt war und **dass ich so nicht mehr weitermachen konnte**, war er schon gewaltig aufgerüttelt worden. **Ich hatte ihm gesagt, dass ich mich nicht mehr mit Versprechungen zufrieden geben würde, dass ich Taten sehen wollte**. Bis zu diesem Zeitpunkt hatte er jedes Schlupfloch benutzt um zu trinken. Doch nun hatte er seit Tagen keinen Alkohol mehr getrunken und er hatte entsetzliche Entzugserscheinungen.

Die Beraterin hatte mir gesagt, ich solle meinem Mann unbedingt sagen, dass er einen Arzt hinzuziehen sollte, bis die Entgiftung des Körpers abgeschlossen ist. Es könne im Einzelfall aus medizinischer Sicht wohl sehr gefährlich sein so ein „kalter Entzug“ ohne ärztliche Aufsicht durchzuführen.

Als wir das erste Paargespräch hatten, war mein Mann mit dem körperlichen Entzug durch. Er hatte also einen klaren Kopf. Er war mindestens so verzweifelt wie ich. Die Beraterin hat aber gemeint, so schwierig die äußeren Umstände auch seien, sie höre, dass wir beide gewillt wären, die Probleme gemeinsam anzupacken.

Mein Mann wollte auf keinen Fall eine Trennung und ich wollte auch viel lieber mit ihm zusammenbleiben, aber eben ohne Alkohol. Und ich brauchte seine Hilfe bei der Alltagsbewältigung.

Ich konnte nicht mehr länger den Lebensunterhalt für uns alle verdienen UND den Haushalt führen und täglich ein warmes Essen auf den Tisch bringen. Das ging einfach über meine Kräfte. Und meine Reserven waren mittlerweile vollkommen aufgebraucht.

Wir hatten schon öfter darüber gesprochen, wie es wäre, wenn mein Mann die Haushaltsführung übernähme. Allerdings hatte er wirklich im Haushalt zwei linke Hände und er konnte noch nicht einmal ein Spiegelei braten.

Außerdem hatte er größte Probleme sich damit abzufinden, dass ich jetzt das Geld für die gesamte Familie verdiente. Doch keiner von uns sah einen anderen Weg. Mein Mann hatte auf dem Arbeitsmarkt keine Chancen mehr. Seit der Operation galt er als schwer behindert. Wir konnten froh sein, wenn er noch einen 400 Euro Job bekam.

Eine verdrehte Rollenverteilung wäre jedoch durchaus umsetzbar.

Die Beraterin meinte, das sei sicher keine einfache Lösung. Mein Mann ist so ein „rustikaler Handwerkertyp“. Ihn am Herd stehend sich vorzustellen war wirklich nicht einfach. Aber im Moment sehe sie auch keine andere realisierbare Lösung.

Vor allem, meinte sie, sei es notwendig, meinen Mann in seiner neu gewonnenen Abstinenz zu stabilisieren. Auch damit er in seine neuen Aufgaben rein wachsen und mich entlasten konnte. Ich habe gemerkt, dass es meinem Mann, so sehr er auch mit der Neuverteilung der Rollen zu kämpfen hatte, doch gut tat, dass er gebraucht wurde und dass er wieder einen sinnvollen Beitrag zu unserem Familienleben leisten wollte.

Wir haben mehrere Paargespräche gemacht. Ich ging parallel dazu in die Angehörigengruppe und mein Mann ging in die Motivationsgruppe. Zuerst war eine stationäre Alkoholentwöhnungsbehandlung für meinen Mann angedacht und auch bereits beantragt. Doch dann bekam mein Mann über einen Bekannten einen 400 Euro Job. Den wollten wir nicht gleich wieder riskieren und so wurde die bereits bewilligte stationäre Entwöhnungsbehandlung noch in eine ambulante Therapie umgewandelt. Das hat die BFA auch bewilligt, denn zu diesem Zeitpunkt war mein Mann schon einige Wochen abstinent.

Mein Mann begann dann also in der Beratungsstelle die ambulante Therapie, die ca. ein Jahr dauerte. Er sagte, dass er ab und zu heftiges Verlangen nach Alkohol hatte, doch er hielt durch. Er ist jetzt seit über 4 Jahren abstinent.

Ich glaube, dass er das geschafft hat, hängt schon damit zusammen, dass es anders gar nicht mehr gegangen wäre. Ich hätte ihm jedenfalls nicht mehr weiterhin Verantwortung abnehmen können.

Die Angehörigengruppe, die Paargespräche und die ambulante Entwöhnungsbehandlung von meinem Mann haben uns schon sehr geholfen, diese Umwälzungen in unserem Familienleben hinzukriegen. Ich will gar nicht behaupten, dass wir es gut hingekriegt haben, es war eher sehr holprig am Anfang. Doch wir haben es überhaupt irgendwie geschafft und mittlerweile sind wir auch gut aufeinander eingespielt.

Ich hatte allergrößte Schwierigkeiten, meinem Mann die Haushaltsführung zu überlassen. Es war schwierig für mich, dass er jetzt überall mitmischte. Bei Entscheidungen, die ich früher alleine getroffen hatte, wollte er jetzt mitreden.

Wenn ich sah, wie ungeschickt mein Mann sich bei den einzelnen Arbeitsabläufen, vor allem in der Küche, anstellte, hab ich oft dazwischengefunkt und mit ein paar Handgriffen alles selbst gemacht. Das frustrierte meinen Mann sehr. Außerdem fühlte ich mich nach wie vor überfordert. Ich hatte die ersten Monate bis mein Mann sich eingearbeitet hatte noch immer viel Hausarbeit am Bein, obwohl ich mittlerweile meine Teilzeitstelle aufgestockt hatte zu einer Vollzeitstelle.

Als ich in der Angehörigengruppe mal darüber berichtet habe, hat die Beraterin gesagt, ich solle ab sofort im Haushalt nur noch so viel machen, wie ein berufstätiger Mann tun würde, der Hauptverdiener in der Familie sei.

Ich sollte mir angewöhnen, nach der Arbeit erst mal die Beine hochzulegen und zu entspannen. Wenn ich es nicht mit angucken könne, wie mein Mann in der Küche wurschtele, dann sollte ich die Küche nicht betreten, bevor er sie tiptop in Ordnung gebracht hatte usw.

Also ich muss schon sagen, dass die Idee mir gefallen hat. Die Beraterin, die ja auch die Bezugstherapeutin in der Ambulanten Therapie von meinem Mann war, hat auch gemeint, es sei für meinen Mann demotivierend, wenn ich in null Komma nix etwas fertig hätte, wofür er eine ganze Stunde brauchte.

Ich sollte die gesamte Hausarbeit als seinen Aufgabenbereich ansehen, in den ich mich nicht einzumischen hätte.

Ich hab meinem Mann an dem gleichen Abend noch davon erzählt und er hat gemeint, das stimme. Wenn ich ihm ständig dazwischenfunkte, würde er jede Lust verlieren, da ich ja sowieso wieder alles schneller und besser könne.

Das hab ich eingesehen und wir haben uns angewöhnt, dass ich der Küche fernbleibe solange mein Mann kocht oder die Küche saubermacht. Mittlerweile hat er natürlich viel mehr Routine. Ja, er kann sogar einige Gerichte richtig gut kochen. Doch ehrlich gesagt, die ersten Monate waren ernährungstechnisch gesehen nicht sehr vergnüglich!

Als mein Mann zum ersten Mal ordentliche Pfannkuchen auf den Tisch gebracht hat, haben wir alle applaudiert. Danach ging es aufwärts. Er hat sich peu a peu immer mehr Kochkenntnisse angeeignet und auch bei der sonstigen Hausarbeit dazugelernt. Und – ich kann mich wieder auf ihn verlassen.

> Karl wacht völlig verkatert auf. Neben dem Bett liegt seine Kleidung ordentlich gefaltet und er findet einen Brief von seiner Frau: „Frühstück ist in der Küche gerichtet, ich bin schon einkaufen. Kuss Lisa.“
>
> Er steigt über zerbrochene Möbel und geht in die Küche. Dort ist liebevoll ein Frühstückstisch gedeckt. Sein Sohn sitzt dort. Er fragt ihn, was gestern eigentlich los war. Der Sohn sagt:
>
> „Na ja, es war wie immer am Monatsende. Du kamst stockbesoffen nach Hause, hast einige Möbel kurz und klein gehauen, bis Mama dich bremsen konnte.“
>
> „Ja, aber warum ist sie dann nicht sauer wie immer? Der Frühstückstisch, der Brief, ...?“
>
> „Ach so, als sie dich auf's Bett geworfen hat und dir die Hose ausziehen wollte, da hast du gesagt: „Finger weg, Fräulein, ich bin glücklich verheiratet.“

Wir haben mittlerweile die Regelung, dass mein Mann sechs Mal die Woche kocht, ich koche einmal am Wochenende. Samstags machen wir gemeinsam den Großeinkauf und ich übernehme weiterhin das Bügeln. Das reicht mir vollkommen neben meiner Arbeitsstelle. Wie ich früher alles andere auch noch gepackt habe ist mir heute absolut schleierhaft.

Die Beraterin hat einigen Angehörigen in der Gruppe empfohlen, sich an den Hausarzt zu wenden und eine Kur zu beantragen. Unter anderem auch mir. Ich kam ja echt auf dem Zahnfleisch daher, wenn ich so an die ersten Monate in der Angehörigengruppe zurückdenke. Ich hab dann in den Sommerferien eine **Mutter-Kind-Kur** mit unserem damals 10-jährigen Sohn gemacht und das hat uns beiden sehr gut getan. **Ich konnte wieder Kraft schöpfen**.

Mittlerweile hab ich mich gut in die Rolle der Hauptverdienerin rein gefunden. Seit mein Mann mir den Rücken freihält geht das auch. Wir haben so ein paar Rituale gefunden, die uns beiden gut tun.

Wenn ich von der Arbeit komme, hat mein Mann den Kaffee fertig und wir erzählen uns bei einer Tasse Kaffee, was am Tag so los war. Danach lege ich mich aufs Sofa – ich muss mich um nichts kümmern – während mein Mann das Abendessen zubereitet. Ich finde es wunderbar.

Trotzdem erinnere ich mich noch gut, wie schwer das war, die Fäden aus der Hand zu geben und ihn einfach machen zu lassen.

So verrückt es sich anhört nach dieser ganzen Vorgeschichte, es ist mir schwer gefallen, die Rolle der Stärkeren aufzugeben. Und wenn es noch irgendwie anders gegangen wäre, hätte ich es wahrscheinlich nie getan. Es entsprach einfach nicht meinem Selbstverständnis. Ich war es gewohnt, für alles zuständig zu sein.

In der Angehörigengruppe habe ich gelernt, meinen Mann nicht mehr zu schonen aus falsch verstandener Fürsorge. Das hört sich so leicht an, doch **das bedeutete, dass er ab sofort überall mitmischte, was früher alles in meinen „Hoheitsbereich“ gefallen ist!**

Natürlich geht es mir jetzt mit der geteilten Verantwortung viel besser. Doch die Übergangsphase war schwer. So viele alte Gewohnheiten bei allen Familienmitgliedern! Das Verhältnis meines Mannes zu den Kindern hat sich natürlich sehr verbessert indem er seiner Elternverantwortung wieder gerecht geworden ist. Und auch hier war das einerseits toll, andererseits schwand mein Einfluss auf die Kinder, je mehr der väterliche Einfluss zunahm. Mir als „Muttertier“ fiel das schon sehr schwer, diese eigentlich positive Entwicklung zuzulassen.

Die Beraterin hat mir hier sehr geholfen, als sie meinte, ich solle mein Fürsorgetrieb mal bei mir selbst anwenden, MICH fürsorglich behandeln und bemuttern, statt andere zu beglucken, denen das gar nicht mehr gut tut und die das nicht mehr brauchen. Ja, denen das sogar schadet, weil es sie schwächt, wenn ich Dinge für sie übernehme, die sie selbst tun könnten.

Mir kam das zunächst fürchterlich egoistisch vor. Doch tatsächlich hat das der ganzen Familie am meisten geholfen!!! Weil ich seither nicht mehr erwarte, dass alle nach meiner Pfeife tanzen, weil ich ja soviel für die Familie tue.

Den heimlichen Anspruch, dass die, für die ich soviel tue, nun für mein Lebensglück zuständig sind, strahle ich nun nicht mehr aus. Ich bin auch nicht mehr bereit, mein Lebensglück für andere zu opfern.

Eine Zeitlang hatte ich mich ja echt selbst nicht mehr ausstehen können. Als ich so überfordert war, war ich eine echte Kratzbürste. Das hat sich jetzt auch wieder gelöst.

Heute sehe ich auch, dass ich meinen Mann „schwach gemacht“ habe, indem ich zuviel an Verantwortung übernommen habe. Ich hatte dann zwar alle Fäden in der Hand, konnte alles bestimmen, aber für welch einen Preis!!!

Klar ist, wenn ich weiter „stark“ gewesen wäre, hätte mein Mann weiter getrunken. Er hätte weiter jedes Schlupfloch benutzt, das er gefunden hätte. Wie gut, dass ich damals einfach nicht mehr so weitermachen konnte!

Die Angehörigengruppe hat mir sehr den Rücken gestärkt, um all die Umwälzungen zu bewältigen. **Ich hatte auch einige „Rückfälle“, also indem ich meinem Mann wieder Verantwortung „geklaut“ habe.** Die Angehörigengruppe hat mich da öfter drauf aufmerksam gemacht. Und später hab ich es dann häufig auch selbst bemerkt. Meistens hatte es mit Einmischen zu tun, in Bereiche für die jetzt mein Mann zuständig war.

Es war auch wichtig für mich in der Angehörigengruppe zu hören, dass so vieles, das ich so fürchterlich fand, zum Beispiel das Lügen und Tricksen, dass das typisch ist für jede Sucht. Ich dachte vorher immer, wie kann mein Mann mich nur anlügen, wir lieben uns doch. In der Gruppe hab ich gelernt, **dass das Lügen, Tricksen und das heimliche Trinken mit zur Sucht gehört.**

Auch die früheren Alkoholrückfälle meines Mannes konnte ich durch die Erzählungen der anderen und durch die Erläuterungen der Beraterin besser verstehen. Dass im Gehirn biochemische Veränderungen stattfinden und in der Leber gewisse Enzyme gebildet werden, wenn einer mal eine Alkoholabhängigkeit entwickelt hatte, hatte ich nicht gewusst.

So wurde mir auch klarer, warum mein Mann gar keinen Alkohol zu sich nehmen sollte. Weder im Essen, noch in Form von sogenanntem alkoholfreiem Bier. An Sylvester oder an Geburtstagen stoßen wir jetzt mit Orangensaft an. Ich verzichte gerne auf Alkohol im Haus. Wir hatten viel zu lange viel zu viel Alkohol im Haus.

Ich will nicht behaupten, dass mein Mann ein super Hausmann geworden ist. Das nicht, aber er tut was zu tun ist. Noch immer braucht er für vieles doppelt so lange wie ich, aber das ist ja egal, die Hauptsache es ist gemacht und insgesamt gesehen hat er den Haushalt mittlerweile gut im Griff.

In der Angehörigengruppe beneiden mich einige Teilnehmerinnen, weil ich der Hausarbeit entronnen bin. Na ja, es hat alles seine Vor- und Nachteile.

In der Gruppe hab ich auch gelernt, dass Alkoholabhängigkeit eine Familienkrankheit ist. Dass tatsächlich alle Familienangehörigen betroffen sind, nicht nur der Süchtige. Und dass bei ALLEN Familienmitgliedern sich etwas verändert, wenn EINER aus dem System sich bewegt.

Wie bei einem Mobile mit mehreren Figuren kommen alle Familienmitglieder in Bewegung, wenn EINE Person den Anfang macht. Spannend finde ich auch, dass es nicht wichtig ist, WER aus der Familie den Anfang macht.

Ich dachte früher immer, der Alkoholiker muss aufhören zu trinken, dann geht es voran. Das wäre vielleicht ideal. Aber oft ist es wohl wie bei uns, dass die Angehörigen einfach nicht mehr weiter können und so eine Veränderung zustande kommt. Interessanterweise ändert sich dann oft auch ganz schnell beim Süchtigen das Verhalten.

Nicht immer funktioniert das so. Wir hatten in der Gruppe auch einen Fall, in dem der Mann total abgestürzt ist, nachdem die Frau nicht mehr bereit war, eine solche Ehe zu führen. Bei diesem Paar kam es dann zur Trennung und das war natürlich sehr dramatisch und schlimm für alle Beteiligten. Doch schlimm wäre es auch für die Frau und die Kinder gewesen, wenn sie so weiter gemacht hätten. So konnte sie wenigstens ihr eigenes Leben und das der Kinder noch in eine andere Richtung steuern.

Doch bei den meisten Gruppenteilnehmern haben sich positive Veränderungen für alle Familienmitglieder entwickelt, auch für den Süchtigen, nachdem die Angehörigen nicht mehr bereit waren, die Trinkerei des Alkoholabhängigen zu ertragen. Öfters hat der Alkoholabhängige dann auch Kontakt zur Beratungsstelle aufgenommen und eine Therapie gemacht.

Obwohl mein Mann nun seit Jahren von Alkohol abstinent lebt, gehe ich noch immer in die Angehörigengruppe. Ich bin nicht mehr jedes Mal dabei. Doch ich fühle mich dieser Gruppe sehr verbunden und zugehörig und es tut mir gut, immer wieder dabei zu sein, wenn auch mittlerweile in größeren Abständen.

Die Vergangenheit ist natürlich nicht vergessen. Und es ist auch nicht so, dass alle Probleme, die ich früher auf die Sucht geschoben habe, jetzt verschwunden wären. Tatsächlich hat so manches davon gar nichts mit der Sucht zu tun, sondern es sind Eheprobleme, wie sie andere Leute auch haben. Ich versuche, meinem Mann keine Vorwürfe zur Vergangenheit zu machen. Meist klappt das, doch nicht immer.

Ich habe erkannt, dass letztendlich jeder für sich selbst verantwortlich ist. Natürlich bin ich sehr, sehr froh, dass mein Mann mitgezogen hat, er hätte auch anders entscheiden können. Für uns beide war das ein hartes Stück Arbeit, das sich aber auf allen Ebenen gelohnt hat.“

Elvira, 53 Jahre

„Es war klar, dass ich keinen Rückzieher machen würde!“

„Ich ertrug ihn einfach nicht mehr. All diese Lügen, die Alkoholfahne, dieser gigantische Bierbauch, der ganze Mann, wenn er getrunken hatte – ich konnte die Ehe mit ihm so nicht mehr weiterführen! Seit Jahrzehnten hatte ich es im Guten und im Bösen versucht, dass er weniger Alkohol trinken solle, es ging bei ihm zum einen Ohr rein und zum anderen raus.

WAS SOLLTE ICH TUN?

Wir hatten trotz seiner Trinkerei viele gute Ehejahre miteinander gehabt. Wir haben zusammen Kinder großgezogen und auch viel gemeinsam durch gestanden. Beide waren wir christlich eingestellt und engagierten uns in sozialen Projekten.

Ich war meinem Mann in aufrichtiger Zuneigung zugetan und ich wusste auch, dass ich für ihn immer die einzige und beste Frau gewesen war.

Doch sobald es um Alkohol ging, trennten sich unsere Erlebniswelten: Mein sonst treu sorgender Mann wurde zum Lügner, zum „Stammtischlaberheini“, zu einer lächerlichen Figur.

Ich verlor jeden Respekt vor ihm. Er hatte finanziell immer gut für die Familie gesorgt. Wir hatten eine klassische Rollenverteilung praktiziert. Jetzt, nachdem unser jüngstes Kind aus dem Haus war, hatte ich keine Chance mehr beruflich auf eigene Beine zu kommen und meinen Lebensunterhalt selbst zu erwirtschaften.

Finanziell war ich von meinem Mann abhängig. Nicht nur deshalb war eine Trennung für mich kaum vorstellbar. Was würde aus IHM werden, wenn ich mich von ihm trennte? Womöglich würde er sich dann ganz gehen lassen und noch mehr trinken?

Diesen Gedanke fand ich entsetzlich. Noch schrecklicher war für mich die Vorstellung, dass mein Mann bald an den Folgen seiner Trinkerei sterben könnte. Er war massiv übergewichtig und hatte einen viel zu hohen Blutdruck.

Auch die Vorstellung, dass er in einigen Jahren in Rente gehen würde und ich ihn in diesem Zustand den ganzen Tag um mich haben würde, war mir regelrecht zuwider.
Ich war Christin und auch deshalb war es für mich so schwer, eine Scheidung auch nur in Betracht zu ziehen. Und trotz allem: So würde ich auf keinen Fall weitermachen!

> ... Angehörige müssen begreifen, dass auch sie gegenüber der Krankheit (Alkoholabhängigkeit) genauso machtlos sind wie der Betroffene selbst, ... Die Angehörigen sollten deshalb lieber Hilfe für sich als für den Alkoholabhängigen suchen. (vgl. Schneider 2001, S. 138)

Ich vereinbarte einen Termin in der Beratungsstelle für Menschen mit Alkoholproblemen und deren Angehörigen. Dort war ich vor ca. 3 Jahren schon mal gewesen. Damals habe ich nur ein Gespräch in Anspruch genommen und bin auch nicht in die Angehörigengruppe, die die Beraterin mir damals dringend empfohlen hatte.

Ich hatte damals das Gefühl, dass das alles nichts bringen würde. Die Vorschläge der Beraterin erschienen mir nicht umsetzbar und ich hatte kein Interesse, mir das Gejammer anderer Angehöriger anzuhören. So hatte ich mir die Angehörigengruppe damals vorgestellt.

Nun drei Jahre später saß ich vor derselben Beraterin. Ich war am Ende mit meinem Latein und ich klammerte mich an jeden Strohhalm. Wieder lud sie mich in die Angehörigengruppe ein. Es kostete mich viel Überwindung, doch diesmal bin ich hingegangen, mit wackligen Knien, irgendwie war es meine letzte Hoffnung, dass das vielleicht doch was helfen könnte.

> Zwei Freunde sind auf Zechtour. Einem wird es schlecht, er übergibt sich und verschmutzt seine Jacke. Da fängt er an zu jammern, weil er nicht weiß, wie er das seiner Frau erklären soll.
>
> Sein Kumpel meint: „Sag ihr doch einfach, ein Betrunkener hat dir auf die Jacke gekotzt. Dann habe er dir 20 Euro für die Reinigung gegeben. Und steck dir 20 Euro in die Jackentasche."
>
> Sein Kumpel macht es genau so und seine Frau ist mit der Erklärung auch zufrieden. Als er am nächsten Tag von der Arbeit heimkommt sagt seine Frau zu ihm:
> „Also du, der Betrunkene hätte dir ruhig 50 Euro für die Reinigung geben können. In die Hose gekackt hat er dir nämlich auch!"

Zusätzlich zur Angehörigengruppe hatte ich noch einige Einzelgespräche bei der Beraterin. **Zum Thema Trennung hat sie gemeint, ich solle doch erst mal das Tempo rausnehmen. Ich solle mir die Unterstützung in der Angehörigengruppe holen und ich solle anfangen gut für mich zu sorgen, unabhängig davon, ob mein Mann trank oder nicht. Falls ich mich doch trennen wollte, würde die Zeit das dann schon zeigen. Das hat mich wirklich entlastet, denn das war ein Weg, den ich mir für mich vorstellen konnte.**

In der Angehörigengruppe ging es immer wieder darum, dass wir auch gut für uns selbst sorgen sollten, statt uns immer um andere zu sorgen. Da ist mir schon einiges eingefallen.

Bereits nach dem ersten Gruppenabend hab ich eine ehemalige Schulkameradin gefragt, ob sie Lust hat, einmal die Woche mit mir ins Thermalbad zu gehen. Das machen wir jetzt seit Jahren regelmäßig und das tut mir so gut. Nicht nur das Schwimmen, wir haben auch einfach Spaß miteinander und gehen hinterher noch was trinken.

Außerdem haben wir mittlerweile auch angefangen, mal miteinander ins Kino zu gehen. Neulich waren wir sogar zusammen in der Oper. Für so was sind unsere Männer nicht zu haben, also machen wir Weibsen das jetzt ohne sie.

Da kann man von der jüngeren Generation echt was lernen, für die jungen Frauen ist so was ja meistens selbstverständlich! Alleine oder mit einer Freundin auszugehen hätte ich früher gar nicht gewagt, aber warum eigentlich nicht? Das hat mir auch geholfen, nicht mehr so ausschließlich auf meinen Mann fixiert zu sein.

Nachdem ich schon mehrere Wochen in der Angehörigengruppe war, haben wir in der Gruppe eine Übung gemacht. Sinngemäß ging das so: Die Beraterin hat uns angeleitet die Augen zu schließen und in uns hineinzuspüren, welche Antworten aus unserem Innern kommen, wenn wir uns die Frage stellen:

„Wenn ich auf der HANDLUNGSEBENE gut für MICH sorgen würde, was würde ich dann TUN?“

Meine Antwort war: entweder mein Mann hört bald mit dem Trinken auf, oder ich trenne mich von ihm. Die Antwort kam so glasklar, bei allen Schmerzen war da kein Zweifel mehr. Und ich hab auch gespürt, dass jetzt der Zeitpunkt ist, **meinem Mann die Pistole auf die Brust zu setzen.**

Ich habe das Gespräch gut vorbereitet. Habe mir Punkt für Punkt aufgeschrieben, was ich ihm sagen wollte. Ich habe mich auf das Wesentliche beschränkt, alles Unwichtige hab ich weggelassen.

Im Klartext hieß das:
Ich will mich nicht trennen, aber ich werde es tun, wenn du mit dem Trinken nicht aufhörst.
Ich gebe dir Zeit, dich mit dem Gedanken auseinanderzusetzen und entsprechende Veränderungen in die Wege zu leiten.
Und ich möchte, dass du zur Beratungsstelle gehst, weil dann die Chance größer ist, dass du es auch schaffst, den Alkohol wegzulassen.

Ich habe es in diesem Gespräch geschafft, meinem Mann nichts reinzuwürgen, sondern einfach zu sagen, was ich will und was ich tun werde, wenn er weiter trinkt. Nichts weiter.

Ich hab sofort gemerkt, dass dieser Klartext jetzt wirklich bei meinem Mann angekommen war. Ich hatte ja schon oft mit Scheidung gedroht, doch noch nie war ich an dem Punkt gewesen, dass ich die Androhung auch realisiert hätte.

Obwohl mein Mann reagiert hat wie immer, das heißt, er ließ sich erst mal vollaufen, war mir klar: diesmal hat er den Ernst der Lage begriffen.

Ich hab ihm die Adresse der Beratungsstelle auf den Esszimmertisch gelegt und ihm gesagt, für mich sei das Thema damit erst mal erledigt. Ob er zur Änderung bereit sei oder nicht, würden wir ja an den Taten sehen.

Ich hab ihm angekündigt, dass ich ihn jetzt erst mal ihn Ruhe lassen würde. Ich würde nicht kontrollieren, ob er weiter trinkt und auch nicht, ob er zur Beratungsstelle geht oder nicht.

Ich hab dann wirklich angefangen, das Thema „zu vergessen“. **Ich hatte gesagt, was nötig war und danach hab ich ihn einfach machen lassen und hab mich mehr um mein eigenes Leben gekümmert.**

Tatsächlich wurde es, nachdem ich entschieden hatte, was ich tun würde, ganz einfach für mich. Die Zeit davor war sehr schwer, ja das war wirklich eine Qual für mich, bis ich die Entscheidung gefällt hatte. Ich glaube, dass ich fähig war, etwas Entscheidendes zu verändern, hatte damit zu tun, dass ich es gewagt habe, die Realität anzusehen.

Ich hatte aufgehört zu verleugnen und mir eingestanden, wie schlimm es wirklich war, wie sehr ich wirklich litt. Dadurch wurde der Leidensdruck so groß, dass alles auf eine Veränderung drängte. Der Leidensdruck war der Motor, dass ich eine Entscheidung treffen konnte.

Bei allen Unsicherheiten und Ängsten war aber nach der glasklaren Entscheidung sofort deutlich, dass es für mich nun wieder in eine gute Richtung geht.

Die Beraterin sagte immer, **wir sollten unsere Kraft da einsetzen, wo wir auch etwas bewirken können**. Statt sie zu verschwenden, zum Beispiel, indem wir versuchen unseren Mann vom Trinken abzuhalten.

Denn ob er aufhört zu trinken oder nicht, das kann ich nun mal nicht bestimmen und auch nicht erzwingen. Das kostet mich nur Kraft und bei allem Energieaufwand, den ich drei Jahrzehnte lang betrieben habe, trinkt er immer noch.

Also hab ich angefangen zu überlegen, was ich bei MIR verändern kann. Wie ich unabhängig von der Trinkerei meines Mannes mein Leben besser gestalten und mehr Glück und Zufriedenheit erleben kann.

Als junges Mädchen hatte ich sehr gut Gitarre gespielt und diese Begabung habe ich nun wieder belebt. Ich nahm Unterricht und das Gitarrespielen stärkte irgendwie meine Seele. Auch als die Kinder noch zu Hause waren, habe ich mich schon ehrenamtlich engagiert. Das habe ich nun noch weiter ausgebaut.

> Es ist vernünftiger eine Kerze anzuzünden, als über Dunkelheit zu klagen.
> (Konfuzius)

Die Angehörigengruppe war übrigens kein Gejammer. Die Beraterin hat das sehr gut gemacht. Sie hat nie zugelassen, dass jemand in der Opferrolle geblieben ist. Sie hat uns immer liebevoll darauf aufmerksam gemacht, dass wir zu 50% diese Ehe mitgestalten.

Und dass wir die Verantwortung für unser eigenes Leben und für unser Lebensglück niemand anders in die Schuhe schieben können.
Auch dann nicht, wenn wir mit ihm verheiratet sind, oder wenn derjenige unser Kind ist.
Und auch dann nicht, wenn wir die Verantwortung für den Süchtigen zum Teil übernommen hatten, indem wir ihm zum Beispiel Aufgaben abgenommen hatten oder indem wir zugelassen hatten, dass wir für alles zuständig waren.

Viele Frauen hatten viel größere Probleme als ich. Die meisten hatten ernsthafte finanzielle Probleme, bei manchen war Gewalt im Spiel oder die Männer sind auch noch fremdgegangen. Manche Frauen kutschierten ihre Männer seit Jahren immer wieder durch die Landschaft, weil der Herr des Hauses mal wieder Alkohol bedingt den Führerschein verloren hatte. Manche waren ernsthaft krank geworden, fast alle waren vollkommen erschöpft.

So unterschiedlich die jeweiligen Lebensgeschichten waren, an einem Punkt waren wir alle gleich:
Unser gesamtes Leben drehte sich um den Alkohol und den Süchtigen.

Unser ganzes Denken, Fühlen und Handeln kreiste um den Alkohol. Und das auch bei Frauen, die selbst keinen Tropfen Alkohol mehr anrührten. Manche waren regelrecht besessen davon, den Mann zu kontrollieren, sie versuchten, den Mann vom Trinken abzuhalten, schütteten Alkohol aus, wenn sie Flaschen fanden usw.

In der Gruppe entstand jedes Mal eine wohlwollende Atmosphäre. Diejenigen, die dabeigeblieben sind, haben alle Schritte unternommen, diese **Fixierung auf den Alkoholabhängigen aufzulösen und sich mehr auf ihr eigenes Leben zu konzentrieren.**

Das Leben besteht ja zu einem großen Teil aus Gewohnheiten. Im Laufe der Zeit habe ich gelernt ungute Gewohnheiten zu ändern und durch bessere Gewohnheiten zu ersetzen.

„Stimmt es, dass dein Mann sich das Trinken abgewöhnt hat?“
„Nein, er schwankt noch!“

Bei uns war es meist so, dass mein Mann außer Haus trank. So habe ich nie so richtig mitbekommen, wie viel er eigentlich trank.

Ca. zwei Wochen nach dem entscheidenden, klärenden Gespräch mit meinem Mann lag ein Buch über Alkohol „Die Suchtfibel“ auf dem Wohnzimmertisch. Ich hab es gelesen, das war gut und hat mich bestärkt meine Richtung beizubehalten.

Innerlich war ich nach wie vor völlig klar. In der Angehörigengruppe bekam ich Rückhalt von der Beraterin und den anderen Teilnehmerinnen.

Offensichtlich war jedoch, dass mein Mann noch immer trank. Dennoch hatte ich so das Gefühl, dass sich bei ihm was tat. Ich wusste nicht was, aber es waren so ein paar positive Veränderungen zu verzeichnen.

Möglicherweise trank er weniger? Ich hatte keine Ahnung und ich hütete mich davor nachzufragen. Ich kannte meinen Mann, der würde seinen Stiefel durchziehen, wofür immer er sich auch entschieden hatte.

Ziemlich sicher war ich mir, dass Rudi Kontakt zur Beratungsstelle aufgenommen hatte. „Die Suchtfibel“ und diverse Broschüren lagen in unserem Wohnzimmer herum. Die musste er ja irgendwo her haben.

Doch ich traute ihm nicht. Auch in der Angehörigengruppe hörte ich immer wieder, dass das Lügen und Tricksen für Süchtige völlig normal war, dass das sozusagen dazugehörte zur Alkoholabhängigkeit.

Parallel zu diesem Misstrauen entwickelte sich aber auch Hoffnung bei mir. **Mein Mann war irgendwie mehr „da“. Ich weiß gar nicht wie ich das beschreiben soll. Er war nicht mehr so „innerlich abgetaucht“, so abwesend.**

Er war auch mehr erreichbar für mich. Der Kontakt wurde besser zwischen uns. Auch unsere Kinder hatten wieder einen besseren Kontakt zu ihm. Nach einigen Wochen stellten wir fest, dass mein Mann abgenommen hatte. Seine Garderobe war ihm viel zu weit geworden. In dieser Phase haben wir mal einen Einkaufsbummel zusammen gemacht, um meinen Mann neu einzukleiden, er hatte zu diesem Zeitpunkt mindestens 12 Kilo abgenommen. Auch sein Blutdruck war runter gegangen, er musste jetzt nicht mehr soviel Medikamente nehmen.

Ich war hoffnungsfroh. Dennoch vermutete ich, dass mein Mann noch immer trank. Ich roch einfach öfter eine Bierfahne und er benahm sich dann auch anders.
In der Angehörigengruppe lernte ich ja auch, dass die meisten Alkoholabhängigen ganz abstinent leben mussten, weil es sonst immer wieder zu Rückfällen ins alte Schema kam.

Vorsichtshalber hatte ich das Kochen und Backen mit Alkohol aufgegeben. Die Hoffnung stirbt zuletzt und falls mein Mann sich für eine abstinente Lebensweise entschied, hatte ich diesbezüglich schon mal umgestellt.

Ich hätte ja gar nichts dagegen gehabt, dass mein Mann ab und zu mal ein Bier trank, doch sämtliche Informationen, die ich dazu hörte oder las, rieten dringend zur totalen Abstinenz. So lebte ich in ständiger Sorge, dass mein Mann in seine alten Gewohnheiten zurückfallen könnte.

Nach weiteren Monaten – mein Mann hatte immer weiter an Körpergewicht abgenommen, wir mussten ihn erneut von Kopf bis Fuß neu einkleiden, mittlerweile war er rank und schlank – fiel mir auf, dass ich seit Wochen keine Alkoholfahne mehr gerochen habe. Überhaupt, wenn ich es mir recht überlegte, fühlte sich irgendwie alles sehr stimmig an.

Plötzlich wurde mir klar, dass Rudi offensichtlich keinen Alkohol mehr trank. Irgendwie hatte sich alles heimlich still und leise dorthin entwickelt. Wir unternahmen jetzt auch viel mehr miteinander. Wir machten öfter mal eine Radtour zusammen, abends mal einen Spaziergang oder unternahmen ab und zu einen Ausflug am Sonntag miteinander. Mein Mann war nach wie vor in seinem Verein aktiv, aber er kam früher nach Hause und wir konnten viel besser miteinander reden.

Da hab ich ihn darauf angesprochen, ob er eigentlich noch Alkohol trinkt und er sagte mir, dass er seit einigen Wochen ganz abstinent sei. Davor habe er reduziert getrunken, doch seit einigen Wochen, am Geburtstag unseres Jüngsten, habe er eine Abstinenzentscheidung getroffen.

Jetzt erfuhr ich auch, dass er seit Monaten regelmäßig in die Beratungsstelle ging. Es gefalle ihm in der Gruppe dort mittlerweile ganz gut und die Gruppenbesuche würden ihm helfen durchzuhalten, wenn er mal Verlangen nach Alkohol habe.

Er hatte kapiert, dass er sich nur „selbst ans Bein pinkelt“, wenn er mich, die Beraterin oder sich selbst belügt, wenn es um Alkohol geht.

Er dankte mir, dass ich ihn nach unserem Gespräch vor ca. 5 Monaten in Ruhe gelassen habe und dass er so einen Weg für sich gefunden hat, mit dem Trinken aufzuhören.

Dieses erfreuliche Gespräch mit meinem Mann war vor über 5 Jahren. Er ist abstinent geblieben. Sein neues Gewicht konnte er bis auf kleine Schwankungen halten, insgesamt hat er über 20 Kilo abgenommen. Sein Blutdruck hat jetzt fast normale Werte!

Wir bekommen ein Enkelkind nach dem anderen und unsere Ehe ist sehr viel besser, als früher. Nach wie vor gehe ich mit meiner Freundin ins Thermalbad, spiele ich intensiv Gitarre und tue viel mehr für mich, als früher.

All das hat mir geholfen, **in meiner Klarheit zu bleiben und in den entscheidenden Monaten nicht nachzugeben.**

Mein Mann hat in der Zeit, als er noch getrunken hat, sehr genau gespürt, dass ich keinen Rückzieher machen werde.

Ich bin überzeugt, dass Rudi jedes Schlupfloch genutzt hätte, weiter zu trinken, wenn er damals auch nur einen Millimeter Nachgiebigkeit bei mir gespürt hätte.

Das Beste ist meist ganz einfach

Natürlich ist mit der Abstinenz nicht alles erledigt. Es gibt nach wie vor Charakterzüge und Verhaltensweisen an meinem Mann, die mich auf die Palme bringen. Manches, von dem ich gehofft hatte, dass es mit dem Alkohol verschwinden würde, ist geblieben. Leider muss ich sagen, dass Einiges sogar mit der Abstinenz fast noch schlimmer wurde.

Denn so kann ich Probleme nicht mehr auf den Alkohol schieben. Rudi's permanente Schuldgefühle sind jetzt weg und damit laufen Gespräche und Auseinandersetzungen jetzt ganz anders ab als früher.

Früher, wenn wir über etwas diskutiert haben, ging Rudi oft Türen knallend aus dem Haus und in die Kneipe. Ich konnte dann schalten und walten wie ich es für richtig hielt. **Ich hatte immer automatisch Recht, denn Rudi wusste, dass er mich anlog und einen großen Teil unseres Geldes versoff. Sozusagen als „Ausgleich“ behielt ich bei Auseinandersetzungen immer die Oberhand.**

In den letzten 5 Jahren mussten wir Vieles miteinander aushandeln, für das die meisten Paare nach über drei Jahrzehnten Ehe wohl schon längst Lösungen gefunden haben.

Also leicht ist das jetzt auch nicht immer. Und jede Angehörige kann es sich wirklich abschminken, dass der Alkohol an ALLEM Schuld ist und mit der Abstinenz dann alles Friede Freude Eierkuchen ist.

Nach wie vor bin ich viel unternehmungslustiger als mein Mann. Ich kann nicht jeden Abend auf dem Sofa vor dem Fernseher sitzen, da geh ich ein wie eine Primel!

Für meinen Mann ist es immer noch ein Problem, dass ich mich dann alleine auf den Weg mache, wenn er nicht mitkommt. Ich mach das dann zwar, weil alles andere mich in meiner Lebensfreude zu sehr einschränkt, doch der Haussegen hängt dann regelmäßig schief. Rudi tut sich einfach schwer damit. Nun gut, letztendlich müssen wir uns da jeweils so nehmen, wie wir sind. Wie gesagt, der Alkohol war nicht an allen unseren Problemen Schuld.

Jedenfalls, trotz allem bin froh, dass ich vor 5 Jahren in die Angehörigengruppe gegangen bin. Für all die Rückenstärkung und das Verständnis, das mir dort entgegengebracht wurde bin ich sehr dankbar. Ich will mir gar nicht ausmalen, was aus mir und aus meinem Mann geworden wäre, wenn ich diese Schritte nicht gemacht hätte.

Die Beratung und die Gruppenbesuche in der Beratungsstelle sind kostenlos. Wer in einer Notsituation ist, braucht dort nur anzurufen und erhält Hilfe. Und trotzdem – wie schwer war das auch für mich dort hinzugehen! Beim ersten Mal im Jahr 2000 hatte ich ja gleich wieder aufgegeben.

Ich habe das auch beim zweiten Versuch, also 2003, festgestellt, dass manche Angehörige nur ein oder zwei Mal in der Angehörigengruppe waren und dann sofort weggeblieben sind.

Ja, Veränderung macht Angst. Und wahrscheinlich machen sich die meisten Menschen nur dann auf diesen Weg, wenn sie es ansonsten einfach nicht mehr aushalten.

Im Nachhinein kann ich nur sagen, schade, dass ich so lange gewartet habe, bis ich endlich Nägel mit Köpfen gemacht habe.
Denn die vergangenen Jahre sind unwiederbringlich vorbei, die kann ich nicht zurückholen!

Wenn der Partner trinkt geht soviel Lebensqualität kaputt. Da muss ich wirklich sagen, heute würde ich mir schneller Hilfe holen und nicht mehr warten, bis ich es gar nicht mehr aushalte.

Dankbar bin ich, dass die Beraterin mir geholfen hat, **„das Tempo raus zu nehmen“. Und dass sie mir Mut gemacht hat, meinem Mann Entwicklungszeit zuzugestehen,** so dass er mit meiner Entwicklung hinterher kommen konnte. Ich war mir keineswegs sicher, ob mein Mann das wollte und ob er sich überhaupt auf den Weg machen würde. Ich bin froh, dass er das gemacht hat – es hat sich gelohnt!“

Gabi, 34 Jahre

„Warum geriet ich immer an solche Männer?“

„Meine Hausärztin riet mir dringend zu dem Vortrag in der Beratungsstelle zu gehen. Es war ein Vortrag für Angehörige von Alkoholabhängigen. Ich hatte mich vor kurzem von meinem alkoholabhängigen Mann getrennt und ich wollte am liebsten mit diesem Thema nie wieder etwas zu tun haben.

Doch die Ärztin meinte, **wenn ich diesmal das Thema nicht bearbeiten würde, wäre mein nächster Partner wahrscheinlich wieder ein Alkoholiker, wie mein Mann, der Partner, mit dem ich vor meinem Mann zusammen war und mein Vater.** Auch meine Jugendfreunde hatten alle irgendwie etwas mit Alkohol oder Drogen zu tun gehabt.

Warum geriet immer ich an solche Männer?

Es hat mich Überwindung gekostet und ich musste viel Geld für einen Babysitter bezahlen, doch ich bin zu dem Vortrag hingegangen. Was ich dort zu hören bekam, kam mir alles sehr bekannt vor.

Vom „Taifun-Syndrom“ war die Rede, also dass sich alles um den Alkoholiker dreht. Auch das Leben der Angehörigen würde vollkommen vom Alkohol bestimmt, eigene Bedürfnisse würden verdrängt.

Die Angehörigen seien meist völlig verstrickt in die Probleme anderer. Die Sorge um den Abhängigen und das Helfen wollen bestimmen das Leben und zermürben die Angehörigen. Häufig seien die Folgen ein Burnout-Syndrom, psychosomatische Erkrankungen, depressive Verstimmungen und dergleichen mehr.

Ich kannte das alles sehr gut. Mein Mann und ich waren seit 8 Jahren verheiratet. Wir hatten zwei Töchter im Alter von 6 und 8 Jahren. Doch unser ganzes Familienleben hatte sich um ihn und den Alkohol gedreht. Ob er getrunken hatte, wie viel er getrunken hatte, ob er fähig war zur Arbeit zu gehen, ob er fahrtüchtig war, ob ich für ihn lügen musste, damit er seine Arbeitsstelle behielt, ... Er trank täglich ca. 10 Flaschen Bier.

Viele Jahre hatte ich ihn gebeten in eine Suchtberatungsstelle zu gehen oder sich dem Arzt anzuvertrauen. Doch er sah bei sich kein Alkoholproblem. Er war an diesem Punkt völlig uneinsichtig.

Ich hatte auch versucht, das Problem über eine Eheberatung anzupacken. Doch er war nicht bereit gewesen, mit mir zu einer solchen Beratungsstelle zu gehen. **Das war ihm unsere Ehe schlicht und ergreifend nicht wert gewesen.**

Ich hatte eher den Eindruck ein drittes Kind zu haben, als dass ein erwachsener Mann an meiner Seite gewesen wäre, der sich partnerschaftlich verhält und der auch selbstverständlich Verantwortung übernimmt.

... notgedrungen müssen Partnerinnen ungeahnte Stärken und Kompetenzen entwickeln, mehr Macht, Entscheidungsbefugnis und Verantwortung übernehmen ... Hinter der kraftvoll funktionierenden Fassade droht aber die eigene Persönlichkeit mit ihren Wünschen, Bedürfnissen, Gefühlen und Schwächen zu verschwinden. Viele Partnerinnen berichten, dass sie nicht mehr so recht wüssten, wer sie selbst sind ... (vgl. Berke, 2004, S. 64)

Vor einigen Monaten hatte mein Mann nach einer Trunkenheitsfahrt den Führerschein verloren. Das hatte zur Folge, dass er von seiner Firma in eine andere Niederlassung ca. 200 Kilometer entfernt nach Hessen versetzt wurde. Ich hatte gehofft, dass er durch den Führerscheinverlust weniger trinken würde, doch das war nicht der Fall. Für ihn war der Führerscheinverlust ein Kavaliersdelikt.

Ein Mann hat einen Platten. Er fährt sein Auto rechts ran und macht sich schimpfend an die Arbeit, den Reifen zu wechseln. Da hält ein Polizeiauto neben ihm. Der Polizist steigt aus und läuft um das Auto rum. Da entdeckt er, dass auf dem Beifahrersitz viele große Messer liegen.
Nervös fragt er den Reifen-wechselnden Mann: „Was ist das? Wofür brauchen Sie so viele große Messer?“
Der Mann antwortet: „Ich bin im Zirkus Messerjongleur.“
Der Polizist: „Können Sie das beweisen?“
„Na klar,“ sagt der Mann und fängt an mit den Messern zu jonglieren.
In dem Moment fährt ein trockener Alkoholiker vorbei, gibt Gas und sagt zu seiner Beifahrerin: „Mensch bin ich froh, dass ich mit dem Saufen aufgehört habe. Was da heutzutage bei einem Alkoholtest verlangt wird!!!“

Zunächst führten wir eine Wochenendehe. Ich stellte fest, dass es mir und den Kindern viel besser ging wenn mein Mann nicht da war. Innerhalb weniger Monaten bat ich ihn ganz auszuziehen. Ich schlug ihm vor, dass er die Kinder jedes zweite Wochenende sehen könne.

Zunächst war alles unsicher, wie es weitergehen würde. Wie würde ich alleine mit den Kindern klarkommen? Wie würden wir das finanziell hinkriegen? usw. Doch ich blühte regelrecht auf, es ging mir emotional viel besser seit mein Mann weg war.

So war also der Stand der Dinge, als ich diesen Vortrag hörte. Die Frau, die den Vortag hielt, informierte uns, dass in der nächsten Woche eine neue Angehörigengruppe in der Beratungsstelle beginnen würde, die sie selbst leitete. Sie verteilte Flyer und Broschüren und lud die Zuhörer zu dieser neuen Angehörigengruppe ein. Sie sagte, dass auch Einzel- oder Paargespräche möglich seien.

Einerseits dachte ich, ich will mit Alkoholabhängigkeit und Co-Abhängigkeit nichts mehr zu tun haben, andererseits befürchtete ich sofort wieder in alte Verhaltensmuster zurückzufallen, sobald ein neuer Mann in meinem Leben auftauchte. Ich hatte Angst, dass mein nächster Partner wieder ein Alkoholiker sein könnte.

Außerdem hatte ich 1000 Fragen. Zum Beispiel, ob es richtig war, meinem Mann, der ja nach wie vor kräftig dem Alkohol zusprach, die Kinder anzuvertrauen? Überhaupt, wie sollte ich mit den Kindern über dieses Thema reden?

Ich beschloss, erst mal ein Einzelgespräch bei der Beraterin zu vereinbaren. Das Einzelgespräch hat mir sehr gut getan. Danach war klar, dass ich in die Angehörigengruppe gehe.

Um das Babysitterproblem zu lösen habe ich mich einer Nachbarin anvertraut. Sie hütete meine Mädchen, wenn ich in der Angehörigengruppe war. Im Tausch dafür versorgte ich ihre Kinder, wenn sie in ihren Yogakurs ging. Meine Nachbarin zu fragen, ob sie meine Töchter hütet, war für mich übrigens schon die erste Übung.

Ich hatte es sonst immer vermieden, andere um Hilfe zu bitten. Ich war es gewohnt immer alles alleine zu schaffen und unsere Familiensituation nach außen hin zu beschönigen.

Ich war Weltmeisterin darin, so zu tun, als ob alles in Ordnung sei. Das hatte ich schon als Kind in meiner Herkunftsfamilie getan. Und das hatte ich auch die ganzen Jahre mit meiner eigenen kleinen Familie getan.

Doch jetzt war es nötig, offen zu sein und einer anderen Person zu erzählen, warum ich ihre Hilfe brauche. Seither hatte ich ja immer Normalität vorgetäuscht. Heute bin ich mit dieser Nachbarin eng befreundet. Nebenbei bemerkt ist mir auch klar geworden, warum ich seither keine tragfähigen Freundschaften hatte aufbauen können.

Die Anderen bekamen es immer nur mit meiner Fassade zu tun, diese war zwar lieb und nett, aber halt nicht echt. Echte Freundschaften sind nur möglich, wenn jeder sich so zeigt wie es wirklich in ihm aussieht. Diese Erkenntnis und deren Folgen sind so ein Geschenk, das ich zusätzlich und ganz nebenbei von der Angehörigengruppe bekommen habe.

Der erste Abend in der Angehörigengruppe war sehr dramatisch. Einige Frauen haben geweint, als sie ihre Situation schilderten. Ich war die Einzige, die sich von ihrem Mann getrennt hatte. Die meisten lebten mit ihren alkoholabhängigen Männern zusammen. Manche Männer waren seit kurzem abstinent, einige tranken noch. Es war auch ein Mann dabei, da war die Frau diejenige, die trank. Und eine Mutter, deren Sohn dem Alkohol verfallen war, war auch da. Alle Angehörigen waren sehr verzweifelt.

Eigentlich alle waren regelrecht besessen davon, ihre Angehörigen vom Alkohol zu retten. Wie ich früher das auch gemacht hatte, opferten sich manche Angehörige regelrecht auf für etwas, das total sinnlos war, wenn der Alkoholiker nicht einsichtig war.

Eine Frau war da, die sich seit Jahren keinen dringend benötigten Wintermantel kaufen konnte, während der Ehemann Monat für Monat mehrere hundert Euro in die Kneipe trug.

Eine andere Frau wurde immer wieder geschlagen, wenn ihr Mann, ein Quartalstrinker, betrunken war. Sie machte das seit Jahren mit. Tatsächlich hatte sie erst jetzt den Mut gefunden, in die Beratungsstelle zu gehen, als ihr 15-jähriger Sohn neulich brutal von ihrem Mann zusammengeschlagen wurde. Der 15-jährige hatte seiner Mutter zu Hilfe eilen wollte, als der Mann mal wieder auf die Frau eingeprügelt hatte. Da hat der Mann seine Aggressionen an dem Sohn ausgelassen.

Jedes Schicksal war anders. Doch alle hatten wir dieses Helfersyndrom und bildeten uns ein, einen anderen Menschen davon abhalten zu können, Alkohol zu trinken. Und mit Sicherheit hatten wir alle ein angeknackstes Selbstwertgefühl.

Ich hätte nicht gedacht, dass es so helfen kann, anderen Angehörigen auch nur zuzuhören. Es tat so gut zu hören, dass ich nicht alleine war. Dass andere genauso fühlen und handeln, wie ich das gemacht habe. Es waren auch zwei Frauen dabei, die – wie ich – wiederholt Alkoholiker als Partner ausgesucht hatten.

> Ein Betrunkener schießt in der Jahrmarktsbude ins Schwarze und gewinnt eine Schildkröte. Eine halbe Stunde später kommt er wieder, schießt erneut ins Schwarze und gewinnt eine Schildkröte. Wieder eine halbe Stunde später, er ist mittlerweile noch betrunkener, kommt er noch einmal, schießt ins Schwarze und gewinnt eine Schildkröte.
> Nach einer weiteren Stunde schießt er wieder ins Schwarze und der Budenbesitzer stellt fest, dass ihm die Schildkröten ausgegangen sind. Er sagt zu dem Betrunkenen:
> „Jetzt ist mir der Hauptgewinn ausgegangen, sind Sie auch mit einem Teddybär einverstanden?“
> Da lallt der Betrunkene:
> „Egal, die Hauptsache ist, Sie geben mir nicht noch mal so ein vertrocknetes Fischbrötchen!“

Die Beraterin hat mehreren Frauen dringend empfohlen über die Krankenkasse eine ambulante Psychotherapie bei einem Psychologen zu beantragen.
Manchen hat sie auch eine Kur empfohlen, um Abstand zu der häuslichen Situation zu bekommen und mal wieder die Batterien aufzuladen.

Sie meinte all das sei sehr hilfreich, wenn wir das parallel zur Angehörigengruppe machen würden, um uns selbst und unsere Bedürfnisse mal wieder wahrzunehmen.
Unsere Bedürfnisse hatten wir alle die letzten Jahre verleugnet, wir waren ja in dem sinnlosen Versuch beschäftigt und BESESSEN gewesen, den Alkoholiker zu retten.

Viele von uns Angehörigen waren fix und fertig und mit den Nerven völlig am Ende, während der Alkoholiker oft noch nicht mal ein Problem wahrnahm.

Ich bin gleich am nächsten Tag zu meiner Hausärztin und hab eine Mutter-Kind-Kur für mich und die Kinder beantragt. Die Hausärztin hat mich unterstützt. Auch als einige Wochen später eine Ablehnung der Krankenkasse ins Haus geflattert kam, hat die Ärztin mir geholfen, einen Widerspruch zu schreiben. Das hat dann mit Hilfe der Diakonie als Vermittlungsstelle auch geklappt. So konnte ich in den Osterferien mit meinen Mädels einige unbeschwerte Wochen im Schwarzwald in einem Mutter-Kind-Kurhaus verbringen, die mir und den Kindern sehr gut getan haben.

Die Beraterin hat mir auch empfohlen, einen Mediator, also einen Vermittler in Trennungsfragen, einzuschalten. Der Kontakt wurde über eine Erziehungsberatungsstelle hergestellt.

Der Mediator sollte mir und meinem Mann helfen, eine gute Besuchsregelung für die Kinder zu finden und uns helfen, notwendige Vereinbarungen zu treffen. Zum Beispiel, dass mein Mann keinen Alkohol zu sich nimmt, wenn er die Kinder betreut und ähnliches.

Die Beraterin hat mir empfohlen, meinen Mann als erwachsenen Mann anzufragen und nicht selbstverständlich davon auszugehen, dass er sich weiterhin vor jeder Verantwortung drückt.
Sie hat gemeint, ich solle ihn als Vater in die Pflicht nehmen und klare Vereinbarungen mit ihm treffen an die sich beide Seiten zu halten hätten.

Am Anfang war ich sehr skeptisch. Ich hatte mich noch nie auf meinen Mann verlassen können. Manchmal hatte ich den Eindruck, er hatte gar nicht mitbekommen, dass er erwachsen war und als Familienvater Verantwortung zu tragen hatte!

Die Beraterin meinte, **seither habe es ja auch immer Menschen in seinem Leben gegeben, die ihm die Verantwortung abgenommen**

hätten. Das sei ja nun zumindest an den Besuchswochenenden anders. Da sei er zuständig, die Kinder gut zu betreuen. Ich solle das mit Hilfe des Mediatoren mit meinem Mann aushandeln und mich dann aber auch raushalten und nicht kontrollieren, ob er alles „richtig“ machte.

Puh, das war schwer. Ich traute meinem Mann nicht zu, dass er das gut machen würde. Andererseits war klar, dass die Kinder ihren Papa sehen wollten und ich fand das auch richtig und ich wollte dem nicht im Wege stehen.

Mein Mann war mitgekommen zu dem Vermittlungsgespräch bei dem Mediatoren. Ich hatte das kurzerhand zur Bedingung gemacht, da ich um die Sicherheit der Kinder besorgt war. Wir haben da mit Hilfe dieses Fachmannes gute Vereinbarungen getroffen.

Ich glaube, mein Mann war überrascht, dass er dort auch von mir für voll genommen wurde. Und dass sowohl der Mediator als auch ich davon ausging, dass er die Betreuung unserer Kinder jedes zweite Wochenende verantwortungsvoll bewältigen würde.

Es war nicht so, dass mein Mann damals in der Lage gewesen wäre, Alkohol ganz wegzulassen. Doch er schaffte es wohl erst abends, wenn die Mädchen im Bett waren, zu trinken. Und offensichtlich auch weniger als früher. Jedenfalls klappt diese Regelung in den letzten 5 Jahren ganz gut.

Mittlerweile sind wir geschieden. Mein Ex-Mann hatte vor ca. 4 Jahren einen Versuch unternommen, den Führerschein wiederzubekommen. Doch er ist durch die MPU (Medizinisch Psychologische Untersuchung beim TÜV, im Volksmund auch „Idiotentest“ genannt) gefallen. Eine Therapie war ihm das Ganze nicht wert und so trinkt er nach wie vor.

Hin und wieder habe ich aber den Eindruck, dass er Phasen hat, in denen er nichts trinkt. Wie dem auch sei, ich kann für ihn nicht die Abstinenz herbeizaubern. Wichtig ist mir einfach, dass die Kinder

Kontakt zu ihrem Vater haben und dass sie sicher dort sind. Und das ist grundsätzlich schon der Fall. Wenn es was zu besprechen gibt, schalten wir noch immer ab und zu den Mediator ein. Das ist immer ganz hilfreich.

Ich hab gute zwei Jahre gebraucht, bis ich die Trennung von meinem Mann verdaut hatte. Vor 3 Jahren habe ich einen neuen Partner kennen gelernt und letztes Jahr haben wir geheiratet. Ich hab dieses Mal ganz genau hingeguckt, dass mein jetziger Mann einen normalen, unproblematischen Alkoholkonsum hat.

> Wende dein Gesicht der Sonne zu,
> dann fallen die Schatten hinter dich.
> (Sprichwort)

Es ist für mich sehr ungewohnt, nun einen Mann an der Seite zu haben, der Verantwortung übernimmt und mich selbstverständlich gut behandelt. Ich glaube, Angehörige müssen – wie ein trockener Alkoholiker – viele neue Verhaltensweisen lernen.

Sie müssen es bleiben lassen, für andere Verantwortung zu übernehmen und sich IMMER um andere zu kümmern. Stattdessen müssen sie lernen, gut für sich selbst zu sorgen. Für mich klang schon dieser Satz „gut für sich selbst sorgen“ egoistisch! So eine Denkweise war mir völlig fremd.

Die Beraterin hat mal in der Gruppe gesagt, dass sämtliche Anwesenden in der Gruppe dazu neigen würden, sich selbst aufzuopfern und sich übermäßig um andere zu kümmern und zu sorgen. Wenn diese Menschen nun beginnen würden, auch mal an sich zu denken, wären sie immer noch sozialer und hilfsbereiter als ein Durchschnittsmensch sich das überhaupt vorstellen kann.

Ich habe nach der Kur angefangen eine ambulante Psychotherapie zu machen. Es schien mir doch dringend nötig, etwas für mein Selbstwertgefühl zu tun. Ja, es mir selbst wert zu sein, überhaupt mal was für mich zu tun. Darum ging es bei mir.

Mein Leben kreiste ständig um andere, die mich brauchten. Ich meine jetzt nicht meine Kinder, die mich natürlich brauchen und für die ich selbstverständlich Verantwortung zu tragen habe. Ich meine andere Erwachsene wie zum Beispiel meinen Vater oder meine Ex-Partner.

Meinem Vater gegenüber konnte ich mich sehr schlecht abgrenzen. Ich wollte es ihm immer recht machen, statt dass ich mich mal gefragt hätte, was **ich** eigentlich will. Ich übernahm Aufgaben für ihn, die er gut selbst hätte erledigen können. Und das, obwohl ich mit zwei kleinen Kindern allein erziehend war und halbtags berufstätig war. Das war ganz schön viel, ich war oft vom Alltag völlig geschafft.

Mittlerweile kann ich mich meinem Vater gegenüber besser abgrenzen, ich kann auch mal „Nein“ sagen ohne ein schlechtes Gewissen zu haben und kann es aushalten, wenn er dann schimpft oder enttäuscht ist. In Selbstmitleid verfällt er sowieso, ob ich mich abgestrampelt habe oder nicht.

Ich würde sagen, eine Zeitlang hatte ich auch eine Phase in der ich schon zu sehr auf mich geguckt habe. Das war schon etwas extrem. Doch mittlerweile hat es sich so in der goldenen Mitte eingependelt. Ich verliere mich nicht mehr aus den Augen, bin aber auch für andere da. Mein Helfersyndrom habe ich in gesündere Bahnen gelenkt.

Ich opfere mich nicht mehr auf. Damit ist niemand geholfen und ich würde dabei kaputt gehen. Dieses „sich unentbehrlich machen“, also wie ich das zum Beispiel für meinen Ex-Mann oder für meinen Vater lange Zeit gemacht habe, das lass ich jetzt.

Da hat mir sehr geholfen, dass die Beraterin in der Gruppe immer wieder gesagt hat, dass ich meinen Ex-Mann und meinen Vater wie erwachsene Männer behandeln und ihnen nicht die Verantwortung klauen soll.

Es passt ja auch interessanterweise immer, wenn zwei sich finden. Einer hat keine Lust auf Verantwortung und jemand anders **erhält seine Bestätigung, indem er für andere Verantwortung übernimmt.**

Es ist wie Schlüssel und Schloss, die passen. Einer hat das Bedürfnis andere zu versorgen und sich um andere zu kümmern, der andere hat Versorgungswünsche.

Auch ich hab mich lange über „gebraucht werden“, „mich um andere kümmern“, „mich unentbehrlich machen“ definiert. Das war meine Identität.

Wie gesagt, das heißt nicht, dass man sich nie um andere kümmern soll. Doch halt **alles im rechten Maß. Sonst gerät eine Beziehung völlig aus der Balance.**
Meine Beziehungen sind jetzt viel gesünder, seit ich gut für mich selbst sorge. Nicht nur zu meinem jetzigen Mann, sondern auch zu Mitgliedern aus meiner Herkunftsfamilie und zu meinen Kindern.

Auch bin ich nun fähig Freundschaften zu schließen und aufrechtzuerhalten. Früher war das oft sehr einseitig. Ich wurde häufig ausgenutzt. Es war auch meist von meiner Seite aus nicht ehrlich, da ich so viel zu vertuschen hatte und Normalität vorgetäuscht hatte. Obwohl ich verzweifelt war, habe ich meist so getan, als ob alles in Ordnung sei. Oft hab ich nach außen ganz anders gewirkt, als ich mich innerlich gefühlt habe. Wie soll da eine echte Freundschaft entstehen?

Früher war ich wie besessen, meinen Ex-Mann vom Trinken abzuhalten, dass ich dabei völlig mein eigenes Leben aus dem Blick verloren hatte. Es ist mir gelungen, die Weichen neu zu stellen und ich bin viel glücklicher mit meinem Leben. Unsere Töchter haben diese Trennung überraschend gut verkraftet. Das hängt sicher damit zusammen, dass es ihrer Mutter gut geht.

Ich mach mir jetzt nicht mehr um alles Sorgen. Glücksmomente nehme ich viel mehr wahr als früher. Mein Selbstwertgefühl ist deutlich besser als vor 5 Jahren.

Einmal haben wir in der Angehörigengruppe eine Selbstwert-Übung gemacht: Wir sollten uns hinter unseren eigenen Stuhl stellen und so tun, als ob eine beste Freundin über mich, also Gabi, sprechen würde.

Die beste Freundin sollte wohlwollend hervorheben, was sie alles an mir gut findet. Diese Übung war für uns alle sehr schwer. Die meisten Gruppenteilnehmerinnen hatten Selbstwertprobleme und sahen nur ihre Schwächen und Fehler.

Doch diese Übung war mal ein Anfang um den Blick auf das zu richten, was gut und schön an mir war. Damals sind mir mit Mühe und Not drei Dinge eingefallen. Mittlerweile mache ich die Übung für mich selbst immer wieder und stelle fest, dass mir immer mehr einfällt! Ja, von wegen „Bescheidenheit ist eine Zier!“

Ich bin nach wie vor gefährdet in alte Verhaltensmuster zurückzufallen, vor allem, wenn ich im Stress und unter Druck bin. Wenn ich es schaffe, mir das bewusst zu machen, dann finde ich meist einen guten Weg.
Manchmal mach ich es halt so gut wie ich es hinkriege. Durch die Hintertüre schleichen sich oft alte Gewohnheiten ein, dann muss ich mich daran erinnern, was ich gelernt habe und das immer wieder in Handlung umsetzen.

Übung macht den Meister!

Es hilft mir, grundsätzlich darauf zu achten, dass nicht zuviel Stress und Druck entstehen. Mein Arbeitspensum habe ich mittlerweile reduziert. Da verzichte ich auch auf Geld und Luxus und hab dann lieber mehr Zeit zum Ausruhen. Damit geht’s mir einfach besser.

Interessant ist, dass ich anderen viel eher helfen kann, seit ich mehr an mich denke und besser für mich selbst sorge. Mein Helfersyndrom war für Andere dagegen oft gar nicht hilfreich und mich hat es schwer belastet und es hat mich viel Kraft gekostet.

Jedenfalls war es mir bei allem Aufopfern nicht gelungen, meinen Ex-Mann vom Trinken abzuhalten. Ich wollte ihn ja auch immer kontrollieren und habe mich dabei oft unangemessen verhalten. Es ist nun mal nicht möglich zu bestimmen, was ein anderer tut oder lässt. Das kann ich nur bei mir selbst machen.

In all den Jahren, in denen ich wie besessen meinen Ex-Mann und den Alkohol zu meinem Lebensinhalt gemacht habe, war ich absolut überzeugt gewesen, das Richtige zu tun. Und das, obwohl es mir immer schlechter und schlechter ging.

Für mich war wichtig, zu verstehen, dass ich meine Kraft da einsetzen muss, wo ich auch etwas bewirken kann. Alles andere ist größenwahnsinnig oder selbst zerstörerisch.

Ich habe jetzt ein anderes Selbstbild von mir entwickelt. Ich muss jetzt nicht mehr meinen Selbstwert und meine Identität davon abhängig machen, dass ich anderen Menschen helfe und sie rette. Seither sind ganz andere Menschen in mein Leben getreten. Menschen, die gesünder sind und sich nicht selbst zerstörerisch verhalten.

Heute frage ich mich, warum ich mich so lange geweigert habe, etwas für MICH zu tun? Obwohl es ja eindeutig völlig sinnlos war, für was ich mich früher aufgerieben habe.

Ich setze mich heute an erste Stelle und seither geht es nicht nur mir besser. Meine Kinder gedeihen und meine zweite Ehe ist liebevoll und partnerschaftlich.
Ich hab einiges dafür getan: Die Angehörigengruppe besucht, die Kur durchgeführt, die Psychotherapie gemacht und vieles, das ich gelernt habe in meinen Alltag integriert. Ich habe eigene Interessen und Hobbys entwickelt.

Am Anfang wusste ich wirklich gar nichts mit mir anzufangen, wenn die Mädchen ihr Papa-Wochenende hatten und ich „Kinder-frei“ hatte. Später bin ich dann mit meiner Nachbarin regelmäßig in die Sauna gegangen und es hat sich eine sehr schöne, tragfähige Freundschaft entwickelt.

Außerdem habe ich mich einem Chor angeschlossen, indem ich bis heute singe und ich habe angefangen Salsa-Kurse zu machen. Beim

Salsa tanzen habe ich meinen jetzigen Mann kennen gelernt. Wir gehen bis zum heutigen Tage regelmäßig tanzen und das macht so viel Freude!

Das „gut für mich sorgen und etwas für mich tun“ zu erlernen war ein jahrelanger Prozess bei mir und es ging nur Schritt für Schritt vorwärts. Manchmal gab es natürlich auch Rückschläge. Doch es ist mir immer wieder gelungen, die richtige Richtung zu finden.

Wenn es mal nicht so läuft hilft mir oft die Frage: „Wie kann ich jetzt in der Situation gut für mich sorgen?“ Meist fällt mir da was ein. Manchmal ist das nur ein Spaziergang oder ein klärendes Gespräch. Oft sind es ganz einfache Dinge, zum Beispiel eine Umarmung oder ein Lächeln.

Bei uns Angehörigen gibt es ja nicht so was wie eine Abstinenzentscheidung. Aber vielleicht gibt es so was wie eine Entscheidung für das eigene Glück.

Angehörige von Alkoholikern tun sich damit oft sehr schwer. Sie erleben das meist als egoistisch, denn es darf ihnen nicht gut gehen, solange es anderen schlecht geht. Das heißt, bevor sie selbst dran sind, müssen sie erst den anderen retten.

Für den Fall, dass das tatsächlich gelingen sollte, ziehen sie sich womöglich den nächsten Problembolzen an Land, um den nächsten retten zu können. Es sei denn man hat seine Muster erkannt und ist bereit, sein Selbstbild „mit Heiligenschein“ aufzugeben, dann kann man das mit dem nächsten Problembolzen natürlich auch sein lassen!

Etwas, das die Beraterin ganz oft gesagt hat, hilft mir heute immer noch: **„Was kann ich jetzt für meine Glücksgefühle tun?“** Sie hat auch immer wieder gesagt, wir sollen das auf die Handlungsebene bringen und das tatsächlich tun und nicht nur darüber phantasieren. Das ist etwas, das man lernen kann, habe ich festgestellt! Ich hab das regelrecht trainiert und mich bei vielen Entscheidungen gefragt: **Ist das jetzt kurz- und langfristig gut für mein Lebensglück?**

Also ich hab mich ganz konkret Schritt für Schritt auf den Weg gemacht. Ich bin auf meinem Weg ein gutes Stück vorangekommen. Meine Lebensqualität ist um vieles besser geworden. Früher war ich mit Häppchen zufrieden, heute will ich das ganze Stück Kuchen im Leben, das mir zusteht. Nicht mehr, aber auch nicht weniger.

In meiner Kindheit habe ich gelernt zu funktionieren, pflegeleicht zu sein und mich um andere zu kümmern.
Jetzt als Erwachsene musste ich lernen, mich etwas weniger um andere zu kümmern und hatte dadurch Luft, mich mehr um mich und meine Lebensqualität zu kümmern. Das war sehr ungewohnt am Anfang. Ich musste bzw. durfte viel üben, bis ich mich auch berechtigt fühlte, dass auch ich auf meine Kosten kommen darf.

Interessanterweise ist es so, dass ich, seit ich gut für mich sorge und mich selbst behandle wie einen wertvollen Menschen, dass ich seither auch Menschen treffe, die mich selbstverständlich gut behandeln.
Die ganz schwierigen Situationen sind aus meinem Leben verschwunden. Manches habe ich bewusst verabschiedet, anderes ist mir einfach nicht mehr begegnet. Wahrscheinlich, weil ich mit Schönerem beschäftigt bin.

Schwerer hatten es die Frauen in der Angehörigengruppe, die noch mit ihren alkoholabhängigen Männern zusammenlebten. Selbst wenn die Männer im Laufe der Zeit Therapie gemacht haben und abstinent wurden, gab es dort doch viel mehr Probleme als bei mir.
Ich hatte es, abgesehen von den finanziellen Problemen, die ich nach der Trennung von meinem Ex-Mann hatte, in manchen Punkten leichter. Ich konnte in Bezug auf eine Partnerschaft ganz neu beginnen. Zunächst als Single, später mit meinem jetzigen Mann, der ein unproblematisches Verhältnis zu Alkohol hat.

Ich weiß noch wie groß die Hemmschwelle damals vor über fünf Jahren war zu diesem Vortrag in der Beratungsstelle zu gehen und die Angehörigengruppe zu besuchen. Aber ich bin so froh, dass ich diese Hemmungen überwunden habe und hingegangen bin. Es hat soviel Gutes bei mir in Bewegung gebracht!“

Annette, 55 Jahre

„Ich war wie besessen, ihn vom Trinken abzuhalten“

„Wütend leerte ich den Rest der Wodkaflasche aus. Am Liebsten hätte ich sie meinem Partner über den Kopf gehauen. Es war die dritte Flasche, die ich diese Woche ausgeleert hatte, die anderen beiden hatte ich bei einer meiner regelmäßigen Alkoholdurchsuchungsaktionen im Keller gefunden.

Karl lag im Bett und schlief seinen Rausch aus. Ich war erschöpft von der Arbeit und verzweifelt, weil auch dieser Mann offensichtlich ein massives Alkoholproblem hatte. Wir waren seit sieben Jahren ein Paar, seit einigen Jahren lebten wir zusammen in einer Wohnung. Mein erster Mann war an den Folgen seiner Alkoholabhängigkeit vor neun Jahren gestorben. Mein verstorbener Mann war brutal und gewalttätig gewesen.

Als ich Karl kennen lernte kam mir das vor, wie ein großer Glücksfall. Er war so rücksichtsvoll, hilfsbereit und in jeder Hinsicht ein guter Mann. – Aber auch er trank fürchterlich viel Alkohol! Wenigstens wurde er nie gewalttätig.

Wenn er getrunken hatte wurde er immer sehr müde und schlief dann ständig. Er war dann für nichts mehr zu gebrauchen. Seine Aufgaben und Verpflichtungen vernachlässigte er dann völlig, ein Gespräch oder irgendwelche Freizeitaktivitäten waren mit ihm dann nicht mehr möglich.

Ich war voll berufstätig und stark gefordert in meinem Berufsalltag. **Wie sich mein Feierabend und die Wochenenden gestalteten, war total davon abhängig, ob Karl nüchtern oder betrunken war.**
War er nüchtern konnten wir gut miteinander reden, verbrachten wir viele schöne Stunden und machten schöne Wochenendausflüge miteinander. War er betrunken, schlief er und ich war wütend und fragte mich, was ich mit so einem besoffenen Kerl wollte.

Karl war gebildet und ein kultivierter, warmherziger Mensch. Aber er war halt auch der andere, der stinkend und ungepflegt tagelang im Bett lag und mich ohne mit der Wimper zu zucken anlog, wenn es um Alkohol ging.

Er war der Mann, den ich an meiner Seite haben wollte, wenn er nüchtern war. Aber diesen anderen Karl, den Betrunkenen, den wollte ich nicht! Immer wieder drohte ich mit Trennung, doch eigentlich wollte ich mich ja nicht trennen. Ich wollte, dass er aufhörte zu viel zu trinken!

Mein ganzes Denken und Fühlen kreiste um meinen Lebenspartner und darum, ob er getrunken hatte oder nicht. Ich war besessen davon, mein ganzes Leben war davon bestimmt. Ich sah es als meine Aufgabe an, ihn dazu zu bringen, keinen Alkohol mehr zu trinken. Ich habe ihn kontrolliert und manipuliert, damit war ich ohne Unterbrechung mit SEINEM Leben beschäftigt.

Ein eigenes Leben hatte ich nicht. Ehrlich gesagt, ich hatte auch nie eines gehabt. In meiner Kindheit drehte sich alles um meinen gewalttätigen, ebenfalls alkoholabhängigen Vater. Als 19-jährige hatte ich einen Mann geheiratet, der das Abbild meines Vaters hätte sein können.

In einer späteren Therapie habe ich erkannt, dass ich mir mit dieser Heirat unbewusst eine ähnliche Situation ausgesucht hatte, damit ich die gleichen Gefühle, die gleichen Dramen wie in meiner Kindheit immer wieder erleben konnte. Etwas anderes kannte ich ja nicht. Das war mir vertraut und erschien mir „normal“.

Nicht süchtige, gesunde Männer kamen in meinem Privatleben gar nicht vor.
Nachdem mein Mann gestorben war, war ich schon fest entschlossen, mich nie wieder mit einem Mann zusammenzutun, der gewalttätig war.
Aber erneut hatte ich zielsicher einen Lebenspartner gewählt, bei dem sich mein und sein Leben fast ausschließlich um den Alkohol drehte.

Seit Jahren hatte Karl heftige Herz-Rhythmus-Störungen und nach so einer heftigen Trinkphase musste er mal wieder ins Krankenhaus eingeliefert werden. Die Störungen standen eindeutig in Zusammenhang mit seiner Trinkerei, doch davon wollte er natürlich nichts wissen.

Als er im Krankenhaus war, ergriff ich die Gelegenheit und habe mit den Ärzten Klartext geredet. Ich hatte deshalb fürchterliche Schuldgefühle und Loyalitätskonflikte meinem Lebenspartner gegenüber. Ich hatte das Gefühl, ich würde ihn anschwärzen. Karl wollte ja sein Suchtproblem verharmlosen und machte bei dem medizinischen Personal falsche Angaben, wenn es um seinen Alkoholkonsum ging.

Auch ich hatte bei früheren Krankenhausaufenthalten versucht, die Fassade der Normalität aufrechtzuerhalten. Doch jetzt war das Maß voll. Ich hatte ein schlechtes Gewissen, ihn zu „verpetzen“, ihn schlecht zu machen. Doch ich war auch verrückt vor Sorge, dass auch er sterben könnte, wenn er weiterhin soviel Alkohol trank.

Der soziale Dienst des Krankenhauses hat den Kontakt zu der Suchtberatungsstelle hergestellt. Ich habe dann dort einen Termin für uns vereinbart. Der Frau am Telefon hab ich gleich gesagt, dass ich nicht weiß, ob mein Partner mitkommen würde. Sie hat gesagt, ich solle den Termin auf jeden Fall wahrnehmen. Natürlich sei es besser, mein Partner würde mitkommen.

Falls er nicht mitkäme, sollte ich aber trotzdem zu der Beratung für Angehörige kommen, dafür sei die Beratungsstelle ja auch da.

Puh, jetzt war ich seit Jahrzehnten mit Alkoholikern zusammen, auf so eine Idee, dass ich in so eine Beratungsstelle auch FÜR MICH hingehen könnte, war ich wirklich noch nie gekommen!

Natürlich wollte Karl von einer Beratung in einer Suchtberatungsstelle nichts wissen. Ich habe ihm gesagt, dass ich dann alleine hingehen würde. Er war regelrecht erschüttert darüber und hat mir auch unterschwellig gedroht, dass das das Ende unserer Partnerschaft bedeuten könnte, „wenn ich ihm so käme“.

Diese Drohung hat mich sehr belastet, dennoch war klar, dass ich zu dem Termin in die Beratungsstelle hingehen würde. Es erschien mir unmöglich, nach diesem Krankenhausaufenthalt einfach so weiterzumachen wie seither. Ich litt ja schon seit Jahren und jetzt war das Maß voll. Mit dem Mut der Verzweiflung bin ich in die Beratungsstelle gegangen.
Nachdem ich der Beraterin meine Situation geschildert hatte und viel geweint hatte bei dem Gespräch, **lud sie mich zunächst in die Angehörigengruppe ein. Das konnte ich mir nun gar nicht vorstellen, in einer Gruppe meine Probleme zu offenbaren!**

Ich hatte es nur aus purer Verzweiflung fertig gebracht, das, was ich seit Jahren zu vertuschen versuchte, der Beraterin und den Ärzten im Krankenhaus zu sagen! Ich kann nicht sagen, wie sehr es mir gut getan hat, ENDLICH darüber zu reden, dass mein Partner ein Alkoholproblem hat.

Es war so entlastend und hat mir selbst auch zu einer neuen Klarheit verholfen, DAS einfach mal auszusprechen. Es war, als wenn ich das, was ich eigentlich schon längst wusste, mir unter einer Lupe anschaute.

Als ich die Beraterin fragte, ob sie mir raten würde, mich von Karl zu trennen, sagte sie, sie würde nie jemandem zum Trennen oder Bleiben raten. Das müsste ich schon selbst herausfinden.

Doch auf jeden Fall rate sie mir die Angebote für die kostenlose Beratung anzunehmen. Meist ergebe sich dann im Laufe dieses Beratungsprozesses Klarheit, auch in Bezug auf Trennungsgedanken.

Sie überzeugte mich, dass alle Angehörigen, die in die Angehörigengruppe gehen, im gleichen Boot sitzen würden, wie ich. Alle hätten dasselbe Problem, ähnliche Sorgen und Ängste.

Sie lud mich zu einem weiteren Einzelgespräch ein und sie meinte, wenn mein Partner bereit sei mitzukommen, sei auch er herzlich eingeladen. Ideal seien Paargespräche, doch auch mein Partner könne Einzelgespräche haben, wenn er das lieber wolle. Natürlich wollte Karl weder das eine noch das andere!

Er war nach wenigen Tagen, die er im Krankenhaus durchgecheckt worden war, wieder zu Hause und trank munter weiter, als wenn nichts gewesen wäre! Ich war ganz krank vor Sorge. Und natürlich war ich auch wütend auf ihn.

Die Einzelgespräche und die Gruppenbesuche in der Beratungsstelle haben mir Mut gemacht und mir den Rücken gestärkt. Das war alles so liebevoll, so wertschätzend. Ich wurde dort erstmals als liebenswerter Mensch behandelt. Mir wurde dadurch klar, dass ich noch nie Wertschätzung als Mensch erfahren hatte, weder in meinem Elternhaus, noch sonst wo.

Zwar bekam ich im Beruf Anerkennung und Bestätigung für Leistung, doch das Zwischenmenschliche blieb dabei völlig auf der Strecke. Ich hatte in meinem Beruf einfach zu funktionieren. Und das tat ich bis zur Selbstaufgabe.

Ich war absolut unfähig mich abzugrenzen, auch wenn viel zu hohe Anforderungen an mich gestellt wurden. **Ich strampelte mir Zeit meines Lebens einen ab, um „gesehen“ zu werden und Anerkennung zu bekommen.** Dass jemand Respekt vor mir hatte war mir unbekannt. Ich hielt es für „normal“, weil vertraut, schlecht behandelt oder übersehen zu werden.

Es war für mich ganz schwer, mit mir alleine klarzukommen. Ich spürte genau, was der ANDERE fühlte, doch oft genug war mir nicht im Geringsten klar, was ICH fühlte. Ich hatte starke „Antennen“ für andere. Doch irgendwie schien genau das meine eigene Gefühlswelt irgendwie zu überdecken.

Ich war ein „Arbeitstier“, war sehr aktiv und machte viele Überstunden. Später in der Therapie habe ich verstanden, dass ich dies tat,

um mich von meinen depressiven Verstimmungen abzulenken. So spürte ich die gar nicht und musste mich nicht damit auseinander setzten.

> Die Oma gibt einem Bettler 2 Euro und ermahnt ihn: „Dass sie mir aber davon keinen Alkohol kaufen!“
> „Ihnen? Wie käme ich dazu ...?“

Zu Hause war ich damit beschäftigt, Alkoholrazzien durchzuführen und managte Karls Leben, STATT MEINES!

Ich tat alles für ihn. Was ICH wollte habe ich mich noch nicht einmal heimlich gefragt. Der Gedanke wäre mir gar nicht gekommen.

Karl fand das so normal wie ich. Dabei ging es uns beiden schlecht. Wir entwickelten beide Krankheitssymptome, er war alkoholabhängig, ich war übergewichtig. Daraus ergaben sich wiederum neue Erkrankungen!

In der Beratung und in der Angehörigengruppe habe ich begonnen, die Zusammenhänge zu erkennen. Und ich erkannte auch, dass ICH bestimmen kann, ob ich so weitermache wie seither und bereit bin, die Konsequenzen dieses vertrauten Musters, zum Beispiel gewisse Krankheitssymptome, zu tragen.

> JAMMERN HILFT NICHT!

Mit meinem scheinbar selbstlosen, aufopfernden Verhalten machte ich zeitgleich Karl für mein Glück zuständig. Ich schob die Verantwortung für mein Lebensglück auf ihn ab: er war schuld, wenn es mir schlecht ging.

Er war mein Lebensmittelpunkt, um den sich alles drehte.

Gleichzeitig versuchte ich ihm alles abzunehmen, alles für ihn zu tun und übernahm für ihn Verantwortung. Damit hab ich ihn auch unbewusst manipuliert, alles hatte ja so zu laufen, wie ich es wollte! Nur so hatte ich – scheinbar – alles unter Kontrolle.

Natürlich hat das Ganze so nicht funktioniert. Solange jeder von uns beiden nicht selbst die Verantwortung für das eigene Leben übernahm, konnte es nicht gut gehen mit uns.

Vom Kopf her habe ich das verstanden. Bei mir waren noch weitere Erkenntnisse nötig, damit ich mir „erlauben“ konnte, meine Erkenntnisse auch in den Alltag zu integrieren.

Die Beraterin hat mit mir herausgearbeitet, **dass ich es im Grunde wie meine Mutter machte.** Meine Mutter hatte ein sehr, sehr hartes und ein schweres Leben gehabt.
Im tiefsten Innersten war ich überzeugt, dass ich es nicht leichter haben durfte, wie meine Mutter.

So suchte ich mir unbewusst schwierige Bedingungen, um diesem **„Familienauftrag“** gerecht zu werden. Ich hab einige Übungen dazu gemacht, das war ungeheuer schmerzvoll. Ich hatte zu meiner Mutter ein ganz schwieriges Verhältnis. Wir sahen uns täglich. Ich habe mein Leben lang versucht, es ihr recht zu machen und sie zufrieden zu stellen. Natürlich habe ich das niemals geschafft. Niemand hätte das schaffen können, meine Mutter für ihr schweres Leben zu entschädigen.

Es war verblüffend. Ich hatte mich auf die therapeutischen Gespräche und die Übungen intensiv eingelassen. Ohne dass ich mit meiner Mutter darüber gesprochen hätte, wurde mein Verhältnis zu ihr besser, irgendwie versöhnlicher. Damit wurde für mich in mehreren Lebensbereichen mein Leben einfacher und leichter.

In der Angehörigengruppe haben wir unter anderem auch gelernt, uns mehr unserem eigenen Lebensglück zuzuwenden. Und zwar unabhängig davon, ob der Alkoholiker noch trank oder nicht.

Wir sollten uns neue Schwerpunkte und Lebensinhalte suchen und unsere Aufmerksamkeit von dem Alkoholiker und dem Trinken oder Nichttrinken abziehen. Jede Art von Kontrolle sollten wir lassen.

Mir fiel das schwer, das hatte seither soviel in meinem Leben bestimmt und ausgemacht. Zumindest in meinem Kopf und in meinem Fühlen und oft genug auch im ganz realen Alltag.

Wenn es nicht um meinen Lebenspartner und um Alkohol ging, womit sollte ich mich gedanklich und emotional beschäftigen? Das war Neuland für mich. Da war sonst nichts auf meiner „emotionalen Landkarte“. Nur Leere.

Nach einigen Wochen in der Angehörigengruppe wurde mir klar, dass es den Angehörigen besser ging, die angefangen hatten, sich ein eigenes Leben aufzubauen und ganz konkret andere Verhaltensweisen entwickelt hatten. Die hatten sich neuen Hobbys und Interessen zugewandt. Und manchmal gab es bei diesen Angehörigen auch Veränderungen beim Partner!

HANDELN STATT JAMMERN!

Obwohl ich von der Arbeit oft sehr geschlaucht war, beschloss ich, mich einem Lauftreff anzuschließen. Ich habe mit Nording walking angefangen. Schließlich wollte ich auch ein paar Kilo abnehmen und ein guter Nebeneffekt war, dass ich so neue Menschen kennen lernte und nachdem ich meinen inneren Schweinehund überwunden hatte, habe ich auch viel Spaß daran gefunden.

> Es sind nicht die Dinge an sich, die mein Leben bestimmen,
> sondern meine Sicht der Dinge.
> (Conrad S. Hirsch)

Außerdem bin ich seither in einem Fitnessstudio aktiv. Das war nur am Anfang eine Überwindung, mittlerweile finde ich es klasse, zumal ich in den letzten Jahren etliche Kilo abgenommen habe. Mein innerer Schweinehund hat jetzt nichts mehr zu sagen.

Dass ich angefangen habe, mich mehr zu bewegen hat auch auf anderen Ebenen viel „in Bewegung“ gebracht. Meine depressiven Verstimmungen und mein Bedürfnis nach Überaktivität sind seither deutlich weniger geworden. Auch meine Schlafstörungen und Rückenschmerzen sind seither fast verschwunden.

Meine Ernährung hab ich auch umgestellt. Meine Krankenkasse bot Kochkurse für eine gesunde Ernährung an. Da hab ich viel gelernt und in mein Leben übernommen. **Außerdem haben all diese Aktivitäten mir geholfen, mich meinem eigenen Leben zuzuwenden und mich weniger auf Karl zu fixieren. Dadurch hab ich ganz natürlich meine Aufmerksamkeit von ihm abgezogen und mir selbst Gutes getan.**

Mein Lebenspartner hatte weiterhin immer wieder Herz-Rhythmus-Störungen und sein Hausarzt, der seither sein Trinken nicht so dramatisch fand, sagte ihm nun doch, dass er mal mit mir zu der Beratungsstelle für Menschen mit Alkoholproblemen gehen sollte. Der Hausarzt hat übrigens meines Erachtens selbst ein problematisches Verhältnis zu Alkohol. Aber das sei nur am Rande erwähnt.

Ich hab die Beraterin angerufen, ob ich Karl zum nächsten Gespräch mitbringen kann und sie hat „ja“ gesagt.
Ich hatte den Eindruck, dass Karl meinen Terminen, bei denen ich etwas für mich tat, ganz positiv gegenüber stand. Ich hatte ja seitdem auch weniger kontrolliert, Flaschen ausgeschüttet und überhaupt **mich weniger mit ihm beschäftigt. Es gab ja mittlerweile auch andere wichtige Dinge in meinem Leben.**

Ich war überrascht, dass Karl beim ersten Paargespräch gleich eingeräumt hat, dass er zuviel trinkt. Ich hatte damit gerechnet, dass er –

wie immer – verharmlost und alles runterspielt. Aber sein Hausarzt hatte ihm, nach dem letzten Krankenhausbericht jetzt wohl doch die Leviten gelesen.

Er hatte sogar eine Kopie seiner Leberwerte dabei und die Beraterin hat ihm erklärt, was die einzelnen Werte bedeuten. Sie hat ihm verschiedene Therapiemöglichkeiten erklärt und ich fiel aus allen Wolken, als er anstandslos (!) einige Prospekte mit nach Hause nahm, um drüber nachzudenken, ob er eine stationäre Alkoholentwöhnungsbehandlung machen würde!

Ich sagte gar nichts mehr und wunderte mich. Zu mir hatte die Beraterin gesagt, **ich solle mich nicht einmischen, ihn alleine entscheiden lassen und mich VOR ALLEM weiterhin um mein eigenes Leben kümmern.**

Das war das Schwerste. Ich wusste nicht, wie das geht! Viel leichter wäre mir gefallen, mich sofort um alles zu kümmern, dass Karl die Therapie machen würde. Aber ich hielt mich zurück und gab ihm nur wohlwollend zu verstehen, wie sehr ich es begrüßen würde, wenn er eine Alkoholentwöhnungstherapie machen würde.

Ansonsten hab ich mich intensiv um mein Sportprogramm gekümmert und extra ein Wochenendworkshop belegt, um weniger in Versuchung zu sein, Karls Angelegenheiten in die Hand zu nehmen und ihm mal wieder die Verantwortung zu klauen.

Beim nächsten Paargespräch hat Karl sich dafür entschieden, eine stationäre Langzeittherapie in der Fachklinik Münchwies zu beantragen. Ab diesem Zeitpunkt ging Karl in eine Therapie vorbereitende Motivationsgruppe. Nach einigen Wochen kam eine Kostenzusage und Karl ging zu einer zehntägigen Entgiftung ins Krankenhaus bevor er für vier Monate nach Münchwies, in eine Suchtklinik, ging. Das war vor ca. 5 Jahren, Karl ist seither abstinent.

Ich war froh über all diese Entwicklungen. Doch muss ich auch gestehen, dass ich etwas säuerlich war, dass jetzt alles so einfach ging.

Jahrelang hatte ich alles getan, dass Karl mit dem Trinken aufhört und es war mir nicht gelungen. Jetzt plötzlich, nachdem ich mich nicht mehr DARUM kümmerte, ging es voran. Das war einerseits toll und ich sah neue Hoffung für unsere Partnerschaft, doch es war auch irgendwie kränkend. Ich weiß, dass das doof ist, aber es hat sich trotzdem so angefühlt!

Die Beraterin hat gemeint, NIEMAND hätte Karl dazu bewegen können mit dem Trinken aufzuhören, wenn er es selbst nicht gewollt hätte. Es sei jetzt einfach der richtige Zeitpunkt gewesen. Und möglicherweise auch deshalb, **WEIL er gemerkt hatte, dass ICH mich in einen Veränderungsprozess begeben hatte, indem für ihn, wenn er weiter getrunken hätte, bald kein Platz mehr gewesen wäre.**

Ich wurde auch in der Fachklinik Münchwies in Form von Paargesprächen und Angehörigenseminaren mit in die Therapie einbezogen. Auch hinterher in der Nachsorgephase hatten Karl und ich noch Paargespräche in der Beratungsstelle. Ich bin auch weiterhin in die Angehörigengruppe gegangen und Karl ging nach der Langzeittherapie in eine Nachsorgegruppe.

Ich musste lernen, damit klarzukommen, dass ich nicht mehr gebraucht wurde, um seine Selbstzerstörung zu verhindern. Und dass ich IHN nicht zu meinem Lebensinhalt machen durfte. Meine übertriebene Fürsorge und mein Kontrollbedürfnis musste ich aufgeben. Damit bekam ich es dann automatisch mit mir selbst zu tun!!!

Ich habe dann doch noch eine ambulante Psychotherapie begonnen, es gab bei mir einfach zu viele ungesunde Lebensmuster aufzudecken und zu verändern. Alte Gewohnheiten und Muster sind so hartnäckig!

Nachdem Karl einige Monate abstinent war wurde mir klar, dass ich noch tiefer und gründlicher bei mir selbst aufräumen musste. Wir waren beide in einen enormen Veränderungsprozess eingestiegen.

Also wer glaubt, dass der Partner nur aufhören muss zu trinken und danach sei alles gut, der irrt sich gewaltig. Eigentlich ging es bei uns erst so richtig los, als Karl abstinent war.

Es war für uns beide spürbar, dass wir auf dem richtigen Weg waren und die Entwicklungen in eine gute Richtung für uns beide führten. Doch es war auch enorm anstrengend diese vielen Veränderungen zu bewältigen.

Die Beraterin hat mal gemeint, auch gute Veränderungen kosten Kraft. Bis sie wirklich integriert sind und alte Gewohnheiten ersetzt haben, bis so was wie Routine reinkommt und gesündere Verhaltensmuster selbstverständlich sind.

Also jedenfalls wurde mir nach Karls stationärer Therapie klar, dass wir beide noch ganz am Anfang standen. Wir hatten noch lange nicht alles geschafft. Ich beantragte eine stationäre Therapie in der psychosomatischen Klinik in Bad Herrenalb für mich.

Zunächst kamen natürlich alle typischen Muster zum Vorschein: wie sollte ich Karl so lange alleine lassen? Wie würde er ohne mich klarkommen? Was würde mein Arbeitgeber sagen, wenn ich tatsächlich 6 Wochen in „Kur“ fahren würde? Usw.
Die Beraterin und die Angehörigengruppe haben mir hier wieder sehr den Rücken gestärkt, dass ich die psychosomatische Kur dann doch beantragt und durchgeführt habe.

Heute kann ich sagen, dass das der durchschlagende Moment war, dass ich mir DAS wert gewesen bin.

Erwartungsgemäß lehnte die Rentenversicherung den Antrag für die stationäre Therapie ab. Ich funktionierte ja sehr gut im Beruf und hatte kaum Krankmeldungen. So sah die BFA keinen Grund, mir eine stationäre Therapie zu bezahlen.
Ich habe Widerspruch eingelegt und musste zu einem BFA-Gutachter, der die Kur schließlich befürwortet hat.

Sechs Wochen hatte ich in der Psychosomatischen Klinik in Bad Herrenalb nur Zeit für mich. Das war keine Erholung, es war knallharte Therapie. Ich habe mich voll und ganz auf die zum Teil auch schmerzhafte Therapie eingelassen. Ich wollte einfach diese alten Muster nicht mehr mit mir herumtragen. Ich wollte sie erlösen.

Ich musste lernen, die Veränderungen willkommen zu heißen und mich immer wieder für das Glück zu entscheiden. Wer wie ich so stark auf das Funktionieren und „für andere da sein“ getrimmt wurde, für den ist das nicht selbstverständlich.

Nachdem ich die Zusammenhänge erkannt habe, war es leichter für mich, mich nicht mehr aufzuopfern und ich konnte immer mehr die Rolle der scheinbar „Stärkeren mit dem Heiligenschein“ aufgeben. Ich glaube, Karl hätte das nach der stationären Therapie auch nicht mehr akzeptiert, dass ich für ihn Verantwortung übernommen hätte und wieder in diese übertriebene Fürsorge verfallen wäre.

Mir hat das schon einige Identitätsprobleme gemacht. Wer war ich dann, wenn ich mich um niemand kümmern konnte? Woraus sollte ich meinen Selbstwert schöpfen?

Es hat mich erschreckt, zu sehen, dass ich seither andere dafür benutzt habe, damit ich mich stark und „in Ordnung“ fühlen konnte!

„In Ordnung“ fühlte ich mich in der Vergangenheit, wenn ich gebraucht wurde, wenn ich mich um andere kümmern konnte, wenn ich durch „Verantwortung für andere übernehmen“ in eine scheinbar stärkere Position gegangen war. So war ich es von meiner Kindheit her gewohnt. Und so habe ich es lange Jahre als Erwachsene weiter gemacht.

Häufig vorkommende innere Leitsätze von Kindern aus Suchtfamilien, die ohne entsprechende Therapie sehr oft auch im Erwachsenenalter beibehalten werden, beschreibt Sylvia Berke in ihrem Buch Familienproblem Alkohol:

Innere Leitsätze bei Kindern von Suchtkranken

- „In dieser Not sind die Bedürfnisse der anderen wichtiger als meine eigenen Bedürfnisse.“
- „Ich darf mich deshalb nicht abgrenzen und die anderen einfach ihrer Verantwortung und ihrem Schicksal überlassen.“
- „In Beziehungen gibt es nur ein Entweder-Oder. Entweder übernehme ich Verantwortung, dann aber für alles. Entweder bin ich dem Anderen nahe, dann darf ich aber auch kein Nein aussprechen oder eigene Bereiche haben.“
- „Konflikte austragen, womöglich Streiten, kann Beziehungen bedrohen.“ Eigene Wünsche nach Distanz oder Nähe können deshalb nur über Umwege verhandelt werden. Auch später in der eigenen Partnerschaft werden Feiräume oder Abstand dann vielleicht tatsächlich nur durch eine tatsächliche Migräne oder die Übernahme von Sonderschichten im Betrieb erreicht.
- „Ich muss erfolgreich und selbständig sein, um die Familie zu entlasten und auch wieder aufzuwerten. Aber nicht zu sehr, das wäre schon wieder egoistisch.“ (Berke, 2004 S. 67)

Karl hat mir in gewisser Weise „geholfen“, diese ungesunden Muster, die ich in meiner Herkunftsfamilie gelernt hatte, zu erkennen und aufzulösen. Mittlerweile bin ich in der Lage, viel besser für mich selbst zu sorgen.

Im Laufe der Jahre habe ich einige alt vertraute Gewohnheiten abgelegt. Auch im Beruf habe ich das Überfunktionieren reduziert. Früher habe ich oft Arbeit regelrecht an mich gezogen, auch wenn das kein

Mensch von mir verlangt hat. Ich hab einfach durch mein Kontrollbedürfnis mehr als andere Kollegen gesehen, was getan werden musste. Tatsächlich war mir das aber alles viel zu viel und ich war auch im Beruf ständig überlastet. Mittlerweile arbeite ich nur noch halbtags. Ich habe so viel mehr Zeit für mich und das tut mir gut.

Meine Krankheitssymptome haben sich vollständig zurückgebildet. Das hängt natürlich auch damit zusammen, dass ich mich nun viel gesünder ernähre und mich viel mehr bewege als früher.

Sich gesund zu ernähren und genug zu bewegen hat ja auch damit zu tun, gut für sich zu sorgen.

Früher war ich mir das nicht wert – heute schon. Früher war mir das Überfunktionieren wichtiger, denn ich hatte dadurch in vielen Bereichen mehr zu sagen und konnte über vieles bestimmen. Außerdem war es ganz einfach das, das mir vertraut war und erschien mir schon deshalb „richtig“.

Natürlich gibt es auch heute noch Situationen, in denen ich „rückfällig“ werde und automatisch in mein Helfersyndrom falle und ich mich wieder für Gott und die Welt verantwortlich fühle. In solchen Situationen bin ich auch heute noch in Versuchung mich um alles zu kümmern und die Sache in die Hand zu nehmen. Doch jetzt, nachdem ich vieles verstanden habe, komme ich meist schnell wieder aus dem vertrauten Muster heraus.

Bei mir war auch viel auf der körperlichen Ebene zu tun. Ich hatte ja schon vor Karls stationärer Therapie begonnen mich gesünder zu ernähren und Sport zu machen. Es ging mir auch entsprechend besser. Doch auch da war ich in einen Prozess eingestiegen, der sich positiv weiterentwickelte.

In der Angehörigengruppe war eigentlich gar nicht die Rede von Ernährung, doch es war oft die Rede davon, „gut für sich zu sorgen“. Ernährung ist natürlich ein Bereich, in dem man gut oder schlecht für

sich sorgen kann. Auf jeden Fall hat das Thema mich interessiert, da ich nach wie vor übergewichtig war. Und ich habe ein Buch gelesen: nach der Lektüre war für mich klar, dass ich kein Fleisch mehr essen wollte und auch weniger tierisches Eiweiß.
Ich begann mich vegetarisch zu ernähren und weniger tierisches Eiweiß zu mir zu nehmen. In meinem Fall war das wohl die richtige Ernährungsumstellung. Ich habe im Laufe der letzten Jahre über 30 Kilo abgenommen und fühle mich deutlich wohler mit meinem Körper als jemals zuvor in meinem Leben.

Ich glaube, es war wichtig, dass Karl und ich parallel in therapeutischer Behandlung waren. Es hätte sicher nicht funktioniert, wenn sich nur einer von uns weiterentwickelt hätte. Entweder wäre es zur Trennung gekommen, oder der, der sich entwickelt hat, wäre stark gebremst worden und hätte keine Fortschritte gewagt, weil er damit die Partnerschaft auf's Spiel gesetzt hätte.

Klar ist, dass ich weiterhin gut für mich und mein eigenes Leben sorge. Nur dann ist ein partnerschaftliches Miteinander auf Augenhöhe möglich.“

Christine, 43 Jahre

„Diesmal war er zu weit gegangen! Nie wieder würde ich Gewalt zulassen!“

„In dieser Nacht vor vier Jahren war ich mit meinem 15-jährigen Sohn zu meiner Schwester geflüchtet. Und da war für mich klar: Das war das letzte Mal, dass mein Mann mich und meinen Sohn geschlagen hat.

Mein Mann war Quartalstrinker. Alle paar Monate betrank er sich und meist wurde er dann gegen mich gewalttätig. Den Rest des Jahres trank er überhaupt keinen Alkohol und er war im Grunde seines Herzens ein guter Mann. Doch wenn er getrunken hatte kam ein Monster in ihm zum Vorschein.

Solange unser Sohn klein war, habe ich ihn eingeschlossen, wenn ich spürte, dass mein Mann wahrscheinlich ausrasten würde. Peter sollte nicht sehen, wenn sein Vater auf mich losging.

Doch mittlerweile war Peter 15 Jahre. In dieser Nacht hatte er versucht, mich vor seinem Vater zu schützen und Uwe, mein Mann, hatte ihn brutal zusammen geschlagen.

Diesmal war Uwe zu weit gegangen. Und wenn ich Haus und Hof verlieren würde, selbst wenn ich von Sozialhilfe leben müsste – nie wieder würde ich mich von ihm schlagen lassen oder miterleben, dass er unseren Sohn schlug!

Meine Schwester und mein Schwager waren völlig geschockt, als wir damals vor über 4 Jahren in diesem Zustand bei ihnen ankamen. Sie hatten gewusst, dass Uwe mich ab und zu schlug, doch sie hatten das seither ignoriert und mir nie Hilfe angeboten.

Ich hatte seither auch nie das ganze Ausmaß der häuslichen Gewalt irgendjemand geschildert und hatte immer alles verharmlost. Wohl um nicht realisieren zu müssen, wie schlimm es wirklich war.

Peter und ich waren beide nicht ernsthaft verletzt. Da hatte ich schon Schlimmeres hinter mir. Meist hatte ich es ohne Arztbesuch hinbekommen. Zweimal war ein Arztbesuch unumgänglich gewesen, ich hatte den Ärzten jeweils erzählt, dass ich die Treppe runter gefallen sei. Es hat nie einer genauer nachgefragt.

Meine Schwester hat mir noch in der Nacht die Telefonnummer der Beratungsstelle für Menschen mit Alkoholproblemen und von einem Scheidungsanwalt rausgesucht.

Mein Sohn hat sich am nächsten Tag geweigert, mit mir nach Hause zu kommen. Meine Schwester hat angeboten, dass Peter vorerst bei ihr wohnen könnte und das haben wir dann einige Wochen so gemacht.

Als ich am nächsten Tag zu Hause ankam, hatte ich bereits einen Termin in der Beratungsstelle für Menschen mit Alkoholproblemen vereinbart. Für mich war klar, dass ich mich sofort von meinem Mann trennen würde, wenn er nicht mit mir in die Beratungsstelle gehen und eine Alkoholentwöhnungsbehandlung machen würde.

Mein Mann war – wie immer nach so einer Gewaltattacke – sehr zerknirscht und kleinlaut. Üblicherweise fraß er mir nach solchen Szenen regelrecht aus der Hand, bereute ganz und gar und machte alles, um mich zufrieden zu stellen.

Er zeigte sich danach immer reumütig und jedes Mal versprach er, dass er das nie wieder tun würde. Doch seit 15 Jahren kam es alle paar Monate im Zusammenhang mit Alkohol wieder zu Gewalt.

Ich habe meinem Mann gesagt, dass es diesmal wirklich das letzte Mal gewesen sei und dass ich einen Termin in der Beratungsstelle für Menschen mit Alkoholproblemen für uns vereinbart hatte. Ich habe ihm klargemacht, dass das seine letzte Chance war, wenn er wollte, dass ich bei ihm blieb. Ansonsten würde ich sofort mit Peter ausziehen und die Scheidung einreichen.

> Keine Zukunft vermag gut zu machen, was du in der Gegenwart versäumst.
> (Albert Schweitzer)

Nie mehr Gewalt hieß in Uwe's Fall nämlich: nie mehr Alkohol. Denn ohne Alkohol war er ein lieber umgänglicher Mann. Ich suchte die Schuld für diese Probleme in Uwe's Kindheit, er hatte als Kind genau das erlebt, was er jetzt seiner eigenen kleinen Familie antat. Auch er war als Teenager dazwischen gegangen, wenn sein Stiefvater seine Mutter schlug, auch er war von seinem Stiefvater geschlagen worden.

Er hatte mir entsetzliche Szenen aus seiner Kindheit geschildert. Einmal hatte sein Stiefvater ihn bei einer solchen Prügelei aus dem Fenster der zweiten Etage geworfen. Daraufhin kam er ins Krankenhaus und das Jugendamt war auf die Verhältnisse in seiner Familie aufmerksam geworden. Den Rest seiner Jugend verbrachte er in einer Pflegefamilie, in der auch Gewalt an der Tagesordnung war. Außerdem war er von seinen Geschwistern getrennt worden, worunter er sehr litt.

Eigentlich war Uwe ein herzensguter Kerl. Doch diese gewalttätige Art, brach immer wieder durch, wenn er Alkohol getrunken hatte.

Ich war auch in allergrößter Sorge, dass unser Sohn genauso werden würde wie er! Seit einigen Monaten begann Peter nämlich, ab und zu Alkohol zu trinken und wurde dann auch sehr aggressiv. Ich wusste nicht, wie ich ihn davon abhalten konnte.

Mein Mann ist mitgekommen zu der Beratungsstelle. Die Beraterin hat uns informiert, welche Alkoholentwöhnungsbehandlungen es gibt. Uwe entschied sich für eine stationäre Langzeittherapie und stellte einen entsprechenden Antrag bei der Rentenversicherung. Wenn er das nicht gemacht hätte, hätte ich die Scheidung eingereicht, das wusste er.

Innerlich war ich ganz klar und fest entschlossen, Uwe zu verlassen, sollte er noch einmal gewalttätig werden oder auch nur Alkohol anrühren. Ich hätte dann auf das Sozialamt gehen müssen, um meinen und Peters Lebensunterhalt zu finanzieren. Natürlich hätten wir aus unserem Haus ausziehen müssen und unser Lebensstandard wäre stark abgesunken. Doch auch dazu war ich mittlerweile bereit.

Bis mein Mann einen Platz in der Fachklinik Haus Renchtal bekam, ging er in eine Motivationsgruppe der Beratungsstelle. Ich bin in die Angehörigengruppe gegangen und wir hatten regelmäßig Paargespräche bei der Beraterin in der Beratungsstelle.

Nachdem mein Mann in der Suchtklinik war, kam mein Sohn nach Hause zurück. Er hatte seit dem Vorfall kein Wort mehr mit seinem Vater gesprochen. Beide litten sehr darunter und ich natürlich auch. Ich hoffte, dass die Therapie auch hier weiterhelfen würde.

Während mein Mann in der stationären Therapie war, begann ich eine ambulante Psychotherapie. Das hatte mir die Beraterin bei den Paargesprächen dringend nahe gelegt. Sie meinte, ich hätte eine ungesunde Toleranz, was gewisse Verhaltensweisen meines Mannes anginge. Ich müsste dringend lernen, mich besser zu schützen und aus der Opferhaltung rausgehen.

Ich dürfe meinem Mann auf keinen Fall gestatten, mich schlecht zu behandeln.

Ich hatte seither die Einstellung, dass Männer halt so sind. Doch in der Angehörigengruppe stellte ich fest, dass außer mir, nur eine Frau da war, die Gewalt in der Ehe kannte. Und das waren alles Frauen von Alkoholikern! Selbst diese fanden es ungeheuerlich, dass ich Gewalt in der Ehe über 15 Jahre lang toleriert hatte.

Meist hatte ich die Schuld für sein Trinken und für den Ausbruch seiner Aggressionen in seiner Kindheit oder bei mir gesucht. Für meinen Mann hatte ich 1000 Entschuldigungen.

Manchmal hatte ich mir gewünscht, er wäre tot, damit dieser Horror endlich aufhört. Ich fühlte mich so ohnmächtig, so hilflos und ausgeliefert, wenn er aggressiv war.

Ich war es mir nicht wert, mich angemessen zu schützen. Erst als er so brutal gegen unseren Sohn vorging, kam diese gesunde Reaktion:

NIE WIEDER!

Nicht nur mein Mann, auch ich, war mit Gewalt im Elternhaus groß geworden. Mein Vater hatte meine Mutter körperlich misshandelt und verbal immer abgewertet. Ich hatte also kein Vorbild gehabt, wie Ehepartner liebevoll oder wenigstens neutral miteinander umgehen. Ich fand es „normal“, dass Männer Frauen schlugen.
Ähnlich, wie meinem Mann auch, erschienen uns Verhaltensweisen, die andere Menschen total inakzeptabel fanden, durchaus noch im Rahmen des „Normalen“.

Ich war als kleines Mädchen von meiner Mutter in die Rolle des Ersatzpartners gedrängt worden. Bei mir weinte sie sich aus und sie weihte mich in Dinge ein, die Erwachsene unter sich ausmachen sollten. Ich war schon als Kind sehr überverantwortlich gewesen und war auf andere Menschen fixiert.

Ich fühlte mich verantwortlich, dass es anderen Menschen gut ging. Mich selbst zählte ich nicht zu den Menschen, die es verdient haben, dass es ihnen gut geht.

Und selbstverständlich hatte ich als Kind in meinem Elternhaus meine eigenen Gefühle, zum Beispiel Angst, und meine kindlichen Bedürfnisse, zum Beispiel beschützt zu werden, nicht wahrzunehmen oder gar zu äußern! Das war tabu!

Dass ich solche Gefühle und Bedürfnisse hatte, davon wollten meine Eltern nichts wissen, das hab ich gespürt. Sie wollten, dass ich so tat, als ob alles in Ordnung sei und vor allem meine Mutter wollte von mir Entlastung.

Beide Eltern wollten mich „pflegeleicht“ und ich habe versucht, diesen Wünschen gerecht zu werden. Wie es mir wirklich ging, wollten meine Eltern nicht wissen.

Wahrscheinlich hätte es sie schlicht überfordert. So hab auch ich immer weggedrängt, wie es mir ging. Ich hab das dann nicht mehr wahrgenommen und hatte keinen Zugang mehr zu meinen eigenen Gefühlen und Bedürfnissen. Ich konnte mich jedoch sehr gut in andere einfühlen. Das hatte ich ja in meiner Herkunftsfamilie gründlich gelernt.

Von klein auf hatte ich ein Gespür entwickelt für die Veränderung der Atmosphäre um mich herum. Ich habe gespürt, wenn meine Mutter meinen Beistand brauchte, oder wenn sich bei meinem Vater einen Jähzornanfall anbahnte. Ich habe schon als kleines Mädchen versucht zu schlichten und zu vermitteln oder wenigstens das Schlimmste zu verhindern.

Da auch mein Mann so nicht weitermachen wollte und wir beide bereit waren, uns in therapeutische Behandlung zu begeben, standen die Chancen ganz gut, unsere alten Muster aufzulösen. Im Rahmen unserer Therapien arbeitete jeder an sich und seinen Mustern, und wir hatten sowohl in der Suchtklinik als auch in der Nachsorgephase in der Beratungsstelle mehrere Paargespräche.

Mein Mann musste lernen, Konflikte anzusprechen, statt alles in sich rein zu fressen und dann mehrmals im Jahr mit Hilfe von Alkohol und Gewalt diesen angestauten Ärger loszuwerden. Wir stellten fest, dass Sport und körperliche Arbeit ihm ebenfalls halfen, Aggressionen abzubauen.

Der Witz war ja, dass mein Mann das ganze Jahr über kaum Alkohol trank, aber wenn er trank hatte das oft diese Gewaltausbrüche zur Folge. Er konnte einfach nicht mit Alkohol umgehen, weil er sich dann nicht mehr steuern konnte. Die Funktion, die Alkohol seither für ihn hatte, musste er ersetzen durch gesündere und sozial verträglichere Verhaltensweisen. So war also Alkoholabstinenz für ihn angesagt und das war natürlich schwer für meinen Mann zu akzeptieren. Auch für mich war das nicht einfach.

Ich musste auch lernen, verbale Abwertungen nicht mehr zu dulden. Nachdem ich begonnen hatte, liebevoller und sanfter mit mir selbst umzugehen, wurde ich auch richtig allergisch gegen Abwertungen und habe mich entsprechend dagegen gewehrt. Ich habe gelernt, viel klarer zu sagen was ich will und was ich erwarte.

Unsere Rollen waren zu seinen Trinkzeiten klar definiert: Er war der Böse, ich war die Gute. Ich musste die Rolle der „Besseren“ aufgeben zugunsten einer ebenbürtigen Partnerschaft, in der es keinen Täter und kein Opfer mehr geben würde.

Natürlich wollte ich das. Doch die alte Rolle war auch ein Stück meiner Identität. Und wenn ich ganz ehrlich bin, hatte ich durch die Gewaltausbrüche und Uwe's anschließender Reue auch bei vielen Sachen leichtes Spiel gehabt, um meine Vorstellungen in der Ehe und in der Familie durchzusetzen.

Das war mir damals nicht so bewusst. Aber jetzt, nachdem Uwe schon über 4 Jahre abstinent ist, merke ich, wie ungleich schwieriger es ist, sich in der Ehe auf partnerschaftliche Weise einig zu werden. **Denn jetzt ist ja nicht mehr automatisch klar, dass ich im Recht bin und er aufgrund seiner Schuldgefühle sowieso nachgeben muss.**

In meiner ambulanten Psychotherapie, die ich von der Krankenkasse bezahlt bekam, und in der Angehörigengruppe und in den Paargesprächen hab ich viel über mich gelernt. Nicht alle Erkenntnisse waren angenehm und keine war bequem!

Ich hatte ein mangelndes Selbstwertgefühl und neigte dazu, andere zu manipulieren. Das war mir überhaupt nicht bewusst gewesen!

Das Opfersein war ein Stück Identität von mir!

Ich war „die mit dem Heiligenschein“.

Darüber hab ich mich definiert. Das war ich so gewohnt und es war schon eine Umstellung, als diese dramatischen Gewaltszenen aus meinem Leben verschwunden sind.

Als ich das in der Angehörigengruppe mal erwähnte, sagte die Beraterin, dass das normal ist, dass dann erst mal was fehlt. So nach dem Motto:

Wenn man mit Kakerlaken aufgewachsen ist und man hat immer nur in Wohnungen gelebt, in denen es Kakerlaken gab, dann fehlt einem erst mal was, wenn man in eine Wohnung umzieht in der es keine Kakerlaken mehr gibt. Ich war einfach auch viel in meinem Leben mit „Kakerlaken" beschäftigt gewesen. Die waren sozusagen für Aufregung und Drama und starke, intensive Gefühle in meinem Leben zuständig!!!!

So froh ich war und auch heute noch bin, dass die „Kakerlaken", also die Gewalt und das ganze dramatische Drumherum, aus meinem Leben verschwunden sind, so war das doch eine große Umstellung. Mein Mann und ich mussten einiges an Therapie bewältigen, bevor wir gute neue Umgangsformen miteinander entwickelt haben. Wenn wir nicht beide guten Willens gewesen wären hätten wir das sicher nicht geschafft. Auch dass Uwe mit der Abstinenz von Alkohol einverstanden war, war eine absolute Notwendigkeit, dass wir neue Wege zueinander finden konnten.

> Stöhnt Weber in der Kneipe:
> „Jetzt trink ich schon den zwölften Schnaps, weil ich mich über meine Frau geärgert habe. Es ist unglaublich, wie viel mich dieses Weib kostet!"

Da Uwe im nüchternen Zustand nie gewalttätig war, war mit der Alkoholabstinenz das Gewaltproblem in unserem Fall gelöst. Uwe hat auch angefangen viel mehr Sport zu machen. Ich habe den Eindruck, dass ihm das hilft, sich körperlich auszutoben und Aggressionen abzubauen. Auch im Garten arbeitet er jetzt viel mehr und er kann dort seine überschüssige Kraft auf eine gute Weise einsetzen.

Das Verhältnis zwischen meinem Mann und unserem Sohn ist selbst nach über 4 Jahren noch schwierig. Mein Sohn hat meinem Mann den Vorfall nie ganz verziehen, auch wenn er sieht, wie positiv sein Vater sich verändert hat. Peter ist jetzt 19 Jahre. Vor wenigen Monaten ist Peter zu seiner Freundin gezogen. Vielleicht hilft der räumliche Abstand zwischen Vater und Sohn, dass sich das Verhältnis irgendwann verbessert?

Peter ist seinem Vater unglaublich ähnlich und ich hoffe, dass er als Erwachsener nicht wiederholt, was er selbst als 15jähriger erleben musste. Vielleicht ist mit der Alkoholabstinenz von meinem Mann endlich der Kreislauf unterbrochen, dass die Väter an die Söhne diese Verhaltensweisen weitergeben?

Früher dachte ich ja immer, wenn ich mich nur genug aufopfere und anstrenge, dann kann ich meinen Mann „retten“. Da war auch so ein Märtyrer-Gefühl: wenn ich ihn nur genug liebe, dann wird er mich nicht mehr schlagen.

Ich konnte selbst nach 15 (!) Jahren die Aussichtlosigkeit meines Verhaltens nicht richtig bewerten. Erst mein Mutterinstinkt hat mir geholfen, mich anders und angemessener zu verhalten!

Tatsächlich kann ich meinem Mann alles verzeihen, was gewesen ist. **Ich weiß einfach, dass ich durch mein märtyrerhaftes Verhalten dazu beigetragen habe, dass es soweit gekommen ist.** Mein Mann hätte sich ohne mein unbewusstes „Einverständnis“ nicht an mir austoben können. Ja, wenn ich nicht auf irgendeiner Ebene damit „einverstanden“ gewesen wäre, wäre ich schon nach der ersten Gewaltattacke gegangen.

Natürlich habe ich das damals nicht so gesehen. Es war „normal“ für mich, mich als Opfer zu definieren. Ich kannte es nicht anders und ich wusste es einfach nicht besser. So ist es auch **wichtig, dass ich MIR verzeihe.**

Die Beraterin hat mal gemeint, wir sollen auf Vorwürfe und Schuldzuweisungen ganz verzichten. Wir sollen nach vorne gucken und uns jetzt so verhalten, dass die Ehe so ist, wie wir uns das vorstellen und wie wir uns einigen können, wenn wir unterschiedliche Vorstellungen haben. Eine Bedingung, auf die mein Mann und ich uns geeinigt haben ist: Kein Alkohol und keine Gewalt. Das ist was Grundsätzliches bei uns, denn sonst funktioniert es nicht.

Übrigens haben mein Mann und ich mittlerweile festgestellt, wie unterschiedlich wir die Vergangenheit erlebt haben. Er hatte meist einen Filmriss, wenn er zu viel getrunken hatte und konnte sich nur bruchstückhaft erinnern, was jeweils passiert war. Die Szenen, die ich am schlimmsten in Erinnerung hatte, wusste er gar nicht mehr!!!!

Aber wie gesagt, das ist vorbei und heute verhalten wir uns beide so, dass klar ist, DAS wird so nicht wieder geschehen. Für mich wäre im Falle eines erneuten Ausbruchs von Gewalt die Trennung sicher. Ich würde sofort gehen. Ja, ich würde gehen, sobald er zu trinken anfinge, denn dann ist die Gewalt vorprogrammiert. Das ist schon interessant, denn sonst ist mein Mann wirklich die Gutmütigkeit in Person.

Ich habe in den letzten vier Jahren mein Leben auch in beruflicher Hinsicht umgekrempelt. Früher war ich Hausfrau und Mutter und ich hatte auf der 400-Euro-Basis Jobs als Putzfrau.

In der Therapie ist mir klar geworden, dass ich beruflich weiterkommen möchte und ich habe mich in meinem gelernten Beruf zu Weiterbildungsmaßnahmen entschlossen. Mittlerweile habe ich eine gute Teilzeitstelle gefunden und fühle mich sehr wohl mit meinem Berufsalltag.

Wieder in den Beruf einzusteigen hätte ich mir früher gar nicht zugetraut. Durch die Therapie bin ich schon selbstbewusster und mutiger geworden. Ich spür jetzt einfach viel mehr, was mir gut tut und was nicht.

Seit sich mein Leben nicht nur um „Kakerlaken“ dreht, hab ich auch die Nerven und die Zeit für das, was ich will. Dazu ist natürlich auch nötig, zu spüren, was ich will. Das war ja auch lange gar nicht der Fall.

Ich hatte lange keinen Zugang zu meinen eigenen Gefühlen und Bedürfnissen. Das war wohl auch ein Abwehrmechanismus gegen emotionalen Schmerz.

In der Therapie habe ich die Zusammenhänge verstanden und konnte meine Muster im Laufe der letzten Jahre auflösen. Ein wichtiger Schritt war, anders zu handeln, als ich es gewohnt war.

Ein Spruch hat mir dabei sehr geholfen, sinngemäß ging der so:
Wenn du immer das tust, was du schon immer getan hast, wirst du weiterhin das bekommen, was du seither bekommen hast. Wenn du etwas anderes bekommen willst, musst du etwas anderes tun.

Ich musste also bereit sein für Veränderungen und diese nicht nur willkommen heißen, sondern auch wirklich aktiv viel dafür tun, damit ich sie in Handlung umsetzen konnte.

> Was immer du tun kannst oder erträumst zu können, beginne es.
> Kühnheit besitzt Genie, Macht und magische Kraft.
> Beginne es jetzt.
> (Johann Wolfgang Goethe)

Natürlich frage ich mich heute oft, warum ich das nicht schon viel früher gemacht habe? Ja, das hätte ich alles viel früher haben können, wenn ich es mir wert gewesen wäre.

Aber soweit war ich halt noch nicht gewesen. Mich selbst hatte ich einfach nicht ernst genommen. Ich glaube, **ich hab mich als Erwachsene genauso behandelt, wie meine Eltern mich als Kind behandelt haben: mit derselben Missachtung meiner Bedürfnisse.**

Ich habe weiterhin von mir verlangt, meine Gefühle nicht wahrzunehmen und unter allen Umständen „pflegeleicht“ zu funktionieren. Weiterhin habe ich so getan, als ob Gewalt in Ordnung sei und als ob ich nichts dagegen unternehmen könnte.

Erst nach diesem brutalen Vorfall in jener Nacht vor ca. vier Jahren, hab ich realisiert, dass ich kein Opfer bleiben muss. Dass es heute anders ist als in meiner Kindheit. Dass ich heute als erwachsene Frau wählen kann und dass ich nicht mehr alles hilflos hinnehmen muss.

Ich weiß auch, dass sowohl ich als auch mein Mann in Stress- und Drucksituationen gefährdet sind, in alte Verhaltensmuster zurückzufallen. Das heißt, wir müssen beide rechtzeitig dafür sorgen, dass solche Situationen sich nicht aufbauen können. Das erfordert ein ganz schönes Maß an Selbstfürsorge und in sich reinspüren.

Raus aus der Opferhaltung und rein in die eigene Kraft!

Froh bin ich, dass mein Mann mitgezogen hat. Wenn er es nicht getan hätte, wäre ich heute sicher nicht mehr mit ihm verheiratet. Ohne Alkohol und ohne Gewalt bin ich gerne mit ihm zusammen.“

Horst, 48 Jahre

„Ich habe es einfach nicht mehr ausgehalten!“

„Ich war innerlich total zerrissen. Meine Frau Doro war nach zwei Jahren Alkoholabstinenz seit einigen Monaten wieder rückfällig. Ich wusste nicht mehr, was ich machen sollte. Es war mir unerträglich zu sehen, wie sie sich selbst und unsere Ehe kaputt machte. Doch eine Trennung war für mich ebenso unvorstellbar wie unter diesen Umständen bei ihr zu bleiben.

Vor ca. fünfzehn Jahren hatte es mir gedämmert, dass meine Frau zuviel Alkohol trank. Damals lag sicher noch keine ausgeprägte Alkoholabhängigkeit bei ihr vor. Ich denke, die ersten zehn Jahre war das eher missbräuchliches Trinken, aus dem sich dann im Laufe der Jahre eine Alkoholabhängigkeit entwickelt hat. Seit ungefähr fünf bis sechs Jahren zeigte sie Anzeichen einer Abhängigkeit.

> „Wie gefällt Ihrem Mann die neue Stellung in der Brauerei, Frau Brösel?“
> „Keine Ahnung. Seit der Einstellung vor 14 Tagen ist er noch nicht nach Hause gekommen!“

Vor einigen Jahren sind wir auf massiven Druck meinerseits in eine Suchtberatungsstelle gegangen. Daraufhin war Doro tatsächlich zwei Jahre abstinent geblieben. Doch vor einigen Monaten hatte sie aus heiterem Himmel wieder angefangen. Sie hatte – wie früher auch – versucht, heimlich zu trinken und log mich wieder an, als ich sie darauf angesprochen habe.

Wir sind seit 23 Jahren verheiratet, ich kenne meine Frau zu gut, da kann sie mir nichts mehr vormachen. Wenn sie trinkt, dann ist sie wie

„weggetaucht". Innerlich ist sie dann in einer anderen Welt. Gefühlsmäßig reagiert sie auf alles völlig überzogen, sie ist dann aggressiver, schreit auch mal herum. Ihre Bewegungen, ihre Gestik und Mimik sind dann langsamer und gummiartig wie bei einem Leguan.

Ich bin jemand, der früher selbst ganz gerne 2–3 Bierchen am Abend getrunken hat. Doch seit ca. 10 Jahren hab ich das bis auf seltene Ausnahmen ganz eingestellt. Die ersten Jahre unserer Ehe fand ich es ganz normal, dass Doro auch einen lockeren Umgang mit Alkohol hatte. Bis ich gemerkt habe:
das ist bei ihr irgendwie anders als bei mir.

Jedenfalls hab ich, nachdem meine Frau nach der zweijährigen Abstinenzphase erneut rückfällig wurde, nach einigen Monaten vergeblicher Liebesmüh, dann wieder Kontakt aufgenommen zu der Suchtberaterin in der Beratungsstelle, bei der meine Frau und ich schon mal vor einigen Jahren gewesen sind. Doro war zunächst nicht bereit mitzukommen. Aber mir war klar, dass ich trotzdem was für mich tun musste.

Seit meine Frau rückfällig war, hatte ich immer stärker werdende Rückenprobleme und Schlafstörungen entwickelt. Ich brauchte Schmerzmittel, um meinen Berufsalltag zu meistern und dennoch kam es immer wieder zu Krankschreibungen, weil die Schmerzen einfach immer schlimmer wurden.

Meine Gedanken kreisten ständig darum, ob und wie viel meine Frau wohl getrunken hatte, wenn ich von der Arbeit nach Hause kam, in welchem Zustand ich sie vorfinden würde, usw. Manchmal hatte ich keinen rechten Kopf für meine Arbeit, weil alles in mir so besetzt war mit dem Alkoholthema.

Oft habe ich vom Büro aus zwecks Kontrolle zu Hause angerufen. Ich wollte dann gucken, wie es ihr geht und die Hoffnung erheischen, dass sie vielleicht nüchtern ist, wenn ich nach Hause kam.

Unsere Zwillinge, beides Jungs, sind mittlerweile 22 Jahre alt. Letztes Jahr sind sie beide ausgezogen. Gott sei Dank sind sie wunderbar geraten. Als unsere Söhne in die Schule kamen und Doro versuchte, wieder in ihren Beruf einzusteigen, erwies sich das als schwierig. Sie bekam nur kleine Jobs, weit unter ihren Fähigkeiten und damals begann das übermäßige Trinken bei ihr. Sie fühlte sich nicht ausgelastet und minderwertig.

Im Laufe der Jahre fing sie tagsüber an zu Trinken, sie fuhr betrunken Auto, sie log, wenn es um Alkohol ging und versteckte überall Flaschen im Haus.

Ich habe dann angefangen immer mehr von ihren Aufgaben zu übernehmen. Damit es überhaupt ein warmes Essen am Tag gab, habe ich zum Beispiel gekocht. Auch alle möglichen anderen Dinge, die sie früher für die Familie gemanagt hatte, übernahm ich im Laufe der Jahre. Das hat sich ganz schleichend entwickelt und am Anfang hat mir das auch gar nichts ausgemacht. Ich bin jemand mit sehr viel Power und funktioniere sehr gut, wenn es drauf ankommt.

Als ich zu der Beratungsstelle gegangen bin hatte ich auch so ein Gefühl von „das ist Verrat an meiner Frau“. Als wenn ich sie anschwärzen würde, weil ich nicht mehr stillhalte und mit jemand über ihr Alkoholproblem spreche.

Irgendwie habe ich diesmal kapiert, dass ich Doro nicht abhalten kann vom Trinken. Die Beraterin nannte das Kapitulation. Ja, indem ich für mich selbst Hilfe gesucht habe, als meine Frau nicht mit mir in die Beratungsstelle gehen wollte, habe ich einfach aufgegeben, dass wir beide, Doro und ich, Doro's Trinken alleine in den Griff kriegen könnten.

Ich hatte ja bis dahin immer die Einstellung, dass ich alles unter Kontrolle haben müsste. Dass ich das alles irgendwie schon schaffen werde.

In unserer Ehe und unserem Alltag war viel zur Routine geworden. Ich hatte auch so ein Vermeidungsverhalten entwickelt, damit nichts Schlimmeres passiert. Streit bin ich lieber aus dem Weg gegangen, immer habe ich versucht, schon im Vorfeld zu harmonisieren und die Wellen zu glätten.

In den Beratungsgesprächen ist mir klar geworden, dass das auch viel mit mir und meinen Mustern zu tun hat. In meiner Kindheit war mein Vater derjenige, der zu starken Stimmungsschwankungen neigte. Er war ein Despot. Die Atmosphäre in meiner Kindheit war geprägt von dieser Willkür und Tyrannei. Mein Vater machte öfter Psychoterror. Ich erlebte ihn wie einen Vulkan, der jeden Moment ausbrechen könnte. Er hat uns zwar nicht geschlagen, doch er machte vor allem meine Mutter immer verbal fertig.

Meine Mutter strahlte immer aus: „Hilfe, der Alte kommt“ oder auch als Drohung zu uns Kindern: „Wenn ihr nicht brav seid, sag ich's dem Vater“. Das war sehr bedrohlich für mich, denn er war so unberechenbar und ich hatte während meiner ganzen Kindheit Angst vor seinen schrecklichen Ausbrüchen.

So habe ich mir irgendwie ein Verhaltensmuster angewöhnt, immer zu harmonisieren, Konflikten aus dem Weg zu gehen, denn Konflikte waren für mich mit großer Gefahr verbunden. Immer hatte ich Angst, dass alles aus dem Ruder laufen könnte. Diese Kindheitsprägung schleppe ich zum Teil heute noch mit mir herum und oft verhalte ich mich nach wie vor entsprechend.

So nach dem Motto: „Bloß kein Streit“ habe ich versucht auszubalancieren und aufzufangen, was irgendwie möglich war. Wenn bei meiner Frau unter Alkohol alles aus ihr heraus brach, war ich automatisch darum bemüht, „den Laden irgendwie zusammenzuhalten“. Wahrscheinlich habe ich von meiner Mutter das perfekte Harmonisieren gelernt.

Am Schlimmsten war für mich, wenn Doro betrunken Auto gefahren ist, womöglich mit den Kindern hinten drin. Wenn ich das in der akuten Situation mitbekommen habe, bin ich da jedes Mal fast vor Angst gestorben und wurde beinahe wahnsinnig vor Ohnmacht und Wut. Noch heute könnte ich echt draufhauen, wenn ich an manche Situationen zurückdenke.

Meistens war ich dann aber jedes Mal so erleichtert wenn alle lebend aus dem Auto raus kamen, dass dann die Freude, dass das mal wieder alle überlebt hatten, den Zorn bei weitem überwog. Meine Güte, bin ich froh, dass diese Situationen vorbei sind. Nie wieder will ich solche Dinge erleben müssen!

Tatsächlich habe ich all die Jahre trotz alledem nie ernsthaft an Trennung gedacht. Doro ist die Frau, die ich liebe, das war sie von Anfang an und sie ist es heute noch.

In schlechten Zeiten habe ich mich wirklich an jedem Strohhalm festgehalten. Ich habe auch beschönigt, verharmlost und wollte häufig nicht richtig hingucken. Oft habe ich von der Hoffnung gelebt, zum Beispiel auf den nächsten Urlaub. Im Urlaub hat sie nämlich nie getrunken. Auch am Wochenende, wenn ich zu Hause war, hat sie nicht getrunken. So konnte ich mir doch immer wieder alles schönreden, dass es doch nicht ganz so schlimm war und irgendwie konnte ich das so noch weiter aushalten.

Schon beim ersten Mal, aber auch als ich erneut zu der Suchtberaterin gegangen bin, hatte ich Angst, **dass ich möglicherweise nicht mehr mit meiner Frau zusammen sein könnte, wenn ich mehr Selbstfürsorge betreiben würde. Also ich hatte Bedenken, wenn ich besser für mich sorge und mehr auf mich achte, dass das dann mit mir und meiner Frau einfach nicht mehr passt.**

Aber gleichzeitig habe ich es einfach nicht mehr ausgehalten, dass die Frau, die ich liebe, immer weiter in den Alkoholsumpf abrutscht. Sie hatte damals auch so starke Wertlosigkeits- und Minderwertigkeitsgefühle.

Ich habe nie verstanden, warum Doro so heftige Selbstwerteinbrüche hat. Ich fand meine Frau immer klasse, bevor sie anfing zuviel Alkohol zu trinken.

Doch dann habe ich irgendwann verstanden, dass ich ihr da nicht helfen kann. Ich kann sie von ihren Minderwertigkeitsgefühlen nicht erlösen. Das ist ihre Kindheitskiste, ich kann höchstens in meiner eigenen Kindheitskiste kramen und da so manches erlösen, aber nicht bei meiner Frau.

Die Suchtberaterin hat mich gefragt, was ich meinem besten Freund raten würde, wenn er in meiner Haut stecken würde? Ich hab ihr geantwortet: ich würde ihm raten, auf jeden Fall mehr für sich zu tun, ohne seine Frau und unabhängig davon, ob die Partnerin trinkt oder abstinent ist. Also ich würde ihm raten, Hobbys zu entwickeln und Interessen auszubauen, mehr auf sich hören, was er braucht usw.

Die Beraterin hat auch gemeint, meine Körpersymptome seien ein Zeichen, dass da was aus dem Lot geraten ist.
Und dass ich das ernst nehmen sollte und vielleicht mal eine psychosomatische Kur für mich selbst beantragen sollte, statt immer nur darauf zu bestehen, dass meine Frau eine Therapie brauche.

Es fiel mir wirklich schwer, mir das einzugestehen, dass ICH vielleicht derjenige war, der hier was braucht. Seither hatte mein **Überfunktionieren**, das: „Horst regelt das schon, Horst macht, Horst organisiert, der nimmt das alles in die Hand ...“ – das hat mir irgendwie geholfen, meine Ängste, meinen Schmerz und meine Traurigkeit in Schach zu halten.

So hatte ich das Gefühl, ich habe das alles im Griff und es läuft nichts aus dem Ruder.

Die Beraterin hat mir unter anderem ein Buch empfohlen: „Familienproblem Alkohol“ von Sylvia Berke. Das war auch hilfreich, um so manches zu kapieren und eine neue Orientierung für mich zu finden.

Also jedenfalls habe ich dann nach längerem Hin und Her doch eine psychosomatische Kur für mich beantragt.

In dieser Antragsphase für meine Kur hat meine Frau übrigens auch gemerkt, dass sich jetzt bei mir ernsthaft etwas verändert und dass es so nicht mehr weitergehen kann.

Unter anderem ging sie zu ihrer Hausärztin und hat dort mal zugeben, wie viel Alkohol sie trinkt und sie hat sich Blut abnehmen lassen, um die Leberwerte zu checken. Tatsächlich waren die entsprechenden Leberwerte deutlich erhöht und die Hausärztin hat ihr sehr ins Gewissen geredet. Daraufhin hat dann auch meine Frau wieder Kontakt zu der Beratungsstelle aufgenommen.

Die Beraterin hat mir empfohlen in die Angehörigengruppe zu gehen. Das ist mir sehr schwer gefallen. Ich verstand mich eher als jemand, der anderen hilft und selber gut klarkommt.
Es fiel mir unbeschreiblich schwer, Hilfe für mich selbst in Anspruch zu nehmen.

Außerdem konnte ich mir nur schwer vorstellen, fremden Menschen von unserem Problem zu erzählen. Also es hat mich viel Überwindung gekostet, aber irgendwann bin ich dann doch hingegangen.

Weshalb ist die Einbeziehung Angehöriger in die Therapie wichtig?
Die Abhängigkeit entwickelt sich nicht in wenigen Tagen, sondern über Jahre hinweg.
Jeder, der mit einem Abhängigen zusammenlebt, wird davon in Mitleidenschaft gezogen. ... Das Erkennen und Akzeptieren der Suchtmittelabhängigkeit ist grundlegend, aber noch nicht ausreichend. Das Wechselbad der Gefühle von Ratlosigkeit bis Verzweiflung, das oft dramatische Geschehen im Rausch, das Hin

und Her zwischen Drohung und Vergebung, Hoffen und Bangen, sowie die zunehmende Belastung durch Übernehmen von Pflichten und Aufgaben des Abhängigen, stellen extrem hohe Anforderungen an die Belastbarkeit der Angehörigen. (vgl. Schneider 2001, S. 197)

Am Anfang wollte ich auch in der Angehörigengruppe alles unter Kontrolle haben. Ich habe verzweifelt versucht, mein Selbstbild vom starken Mann und Retter aufrechtzuerhalten. Zum Beispiel habe ich gerne den anderen Angehörigen Ratschläge gegeben und am Liebsten gar nicht über mich gesprochen.

Mit Hilfe der Beraterin ist es mir aber dann doch gelungen, in der Gruppe anzukommen und die Gruppe auch für mich „zu nutzen“. Ja, das war echt schwer, FÜR MICH da drin zu sitzen! Mir einzugestehen, dass ich was BRAUCHE!

Als Doro und ich vor Jahren in einer Partnergruppe waren, war das leichter für mich gewesen. Denn ich war ja wegen IHR dort. SIE wollte ich verändern, bei mir war doch alles o.k. oder etwa nicht?

In der Angehörigengruppe war viel die Rede davon, „gut für sich zu sorgen“. Mir fiel da zunächst wirklich gar nichts ein. Ich hatte bis dahin immer gedacht, wenn meine Frau aufhören würde zu trinken, dann sei doch alles gut. Mein Leben war völlig auf sie ausgerichtet.

Tatsächlich gab es jedoch durch das „flügge werden“ unserer Söhne so etwas wie ein Loch in meinem Leben. Bis vor kurzem war jede Minute, die ich nicht bei der Arbeit war, mit anderen Pflichten der Familie gegenüber ausgefüllt gewesen. Im letzten Jahr gab es immer öfter Freiräume, von denen ich nicht wusste, wie ich sie füllen sollte.

Meine Frau lag häufig betrunken vor dem Fernseher und ich konnte dann nichts mit mir anfangen und versank in Selbstmitleid und Schuldzuweisungen. Eine eigene Freizeitgestaltung ohne meine Frau kam mir gar nicht in den Sinn.

Als ich in der Angehörigengruppe mal erwähnte, dass ich schon immer gerne fotografiert habe und mir ein eigenes Fotolabor in unserem Haus vorstellen könnte, hat die Beraterin mich gefragt, was mich denn davon abhalte, das zu tun?

Wenn ich ehrlich war, hielt mich davon ab, dass das ein Hobby war, an dem ich meine Frau nicht mitbeteiligen konnte. Wenn ich an Hobbys und Interessen dachte, kamen mir nur Sachen in den Sinn, die ich mit Doro zusammen machen könnte. Natürlich fand nie irgendetwas davon statt, denn sie zog es ja vor, betrunken vor der Glotze zu liegen, statt etwas mit mir zu unternehmen.

Die Beraterin und die Gruppenmitglieder haben mich ermutigt, die Idee mit dem Fotografieren und dem Fotolabor weiterzuentwickeln. Seit die Jungs aus dem Haus waren, hatten wir viel Platz. Die Raumfrage war also überhaupt kein Problem.

Ich fing erstmal mit dem Ausmisten und Entrümpeln an. Da kam eine ganze Lawine ins Rollen. Plötzlich packte es mich und ich habe das gesamte Haus vom Keller bis zum Dachboden entrümpelt. Meine Frau wurde auch von meiner „Ausmistwut“ angesteckt und hat mitgeholfen.

Diese Aktion, die sich über Wochen hinzog, hat uns sehr gut getan. Ich glaube, **das Entrümpeln hat uns nicht nur geholfen, uns von vielen alten Dingen zu trennen, die jetzt nicht mehr in unser Leben passten. Es hat uns auch geholfen, Platz zu machen für Neues.**

Doro hat in dieser Phase mit dem Trinken aufgehört. Parallel hatte sie ja auch Gespräche in der Beratungsstelle. Das war vor über drei Jahren, seither ist meine Frau abstinent von Alkohol.

Zum Teil haben wir dann noch einiges im Haus renoviert und ich habe mir, Monate, nachdem die Idee entstanden war, ein Fotolabor eingerichtet. Ich habe sehr viel Freude mit dem Fotografieren. Auch stelle ich fest, dass es sowohl mir, als auch meiner Frau durchaus gut tut, wenn wir mal getrennte Wege gehen.

Meine Frau war erst wenige Wochen abstinent, als ich meine psychosomatische Kur in einer Klinik im Allgäu beginnen konnte. Ich muss sagen, das war noch mal so ein Prüfstein für mich und mein Kontrollbedürfnis. Einerseits wollte ich die Kur für mich machen. Andererseits hatte ich große Angst, dass meine Frau rückfällig werden würde, wenn ich nicht da war und alles unter Kontrolle hatte.

Und wahrscheinlich hatte ich auch Angst, dass ich es in dieser stationären Therapie nun mal so richtig mit mir selbst zu tun bekommen würde. Ich war mir gar nicht so sicher, ob ich das wollte.

Sämtliche Ausreden fielen mir ein, den Termin für meine Kur hinauszuzögern. Die Renovierungsarbeiten in unserem Haus mussten abgeschlossen werden, beruflich war es gerade ungünstig, usw. Aber letztendlich waren das alles nur Ausreden, ich hatte Angst, was da alles auf mich zukommt.

Außerdem habe ich meiner Frau nicht zugetraut, dass sie ohne mich zu Hause klarkommt und mir war unwohl, sie wochenlang alleine zu lassen.

Schließlich ging ich dann aber doch nach Grönenbach in die Psychosomatische Klinik. Die Casriel-Therapie, die dort praktiziert wird, war für mich genau das Richtige. Ich konnte dort viel von meinem Kinderschmerz aufarbeiten und bin seither irgendwie erst so richtig „in meinem Leben angekommen“.

> … Sie leben in einem Familiennetz, in dem der eine alkoholbedingt nicht mehr bei sich ist und nur noch in schädlicher Weise für sich sorgt, und in dem alle anderen vor Sorge um diesen ersten ebenfalls nicht bei sich sind und nicht mehr in konstruktiver Weise für sich sorgen.
>
> **Deshalb kann es für diesen ganzen Familienverband nur dann Heilung geben, wenn irgendeiner mit der Sorge für sich selbst und mit dem Wieder-zu-sich-kommen anfängt.** (vgl. Berke, 2004, S. 81)

Ich war sechs Wochen in der Klinik in Grönenbach. Meine Frau hat mich mehrfach dort besucht und wir haben auch Paargespräche dort gemacht. Eine solche „Kur“ ist keine Erholung, es ist eine intensive stationäre Therapie, die in meinem Fall mein Leben sehr positiv verändert hat. Ich war ja vorher schon auf einem guten Weg, die richtige Richtung hatte ich ja bereits eingeschlagen. Vielleicht hat die stationäre Therapie deshalb so gut bei mir angeschlagen. Ich war gut vorbereitet und so fiel alles auf fruchtbaren Boden.

Nachdem ich wieder zu Hause war, habe ich sofort meinen ersten ambulanten Casriel-Wochenend-Workshop gebucht. In den letzten drei Jahren habe ich schon mehrere solche Workshops gemacht. Das hilft mir, dass **ich** nicht rückfällig werde, denn meine alten Verhaltensmuster machen sich manchmal doch noch bemerkbar und dann ist es gut, rechtzeitig dagegen zu steuern.

Meine Frau hat die Zeit, die ich in der Klinik war, gut und abstinent überstanden. Die ganzen Sorgen waren also völlig umsonst.

Seit meinem Klinikaufenthalt habe ich eine ganz starke **Zuversicht** entwickelt, dass ich und auch meine Frau auf dem richtigen Weg sind. Doro hat übrigens nachdem die Gespräche in der Beratungsstelle zu

Ende waren, eine ambulante Psychotherapie begonnen. Das tut ihr auch sehr gut. Auch in ihrer Familiengeschichte gibt es doch so einiges aufzuarbeiten.

Heute bin ich einfach froh, dass der Leidensdruck vor über drei Jahren endlich groß genug war, um mich schließlich ernst zu nehmen. Und dass ich mir unabhängig davon, was meine Frau tat, endlich Hilfe für mich gesucht und gefunden habe.

Der Leidensdruck war der Motor, dass ich mich damals endlich in Bewegung gesetzt habe. Auch das Kapitulieren war ein wichtiger Punkt, dass ich kapiert habe:

Ich kann meine Frau nicht vom Trinken abhalten. Das liegt nicht in meiner Macht. Das ist etwas, das nicht ich bestimmen kann.

Ich konnte nur Hilfe für mich selbst annehmen, was anderes hatte nicht funktioniert.

Heute sehe ich auch, dass ich durch mein Vermeidungsverhalten vieles verpasst habe, nämlich mein eigenes Leben. Ich war zwar der „Hans Dampf in allen Gassen“, sehr aktiv, immer unter Strom und in Aktion doch letztendlich war das gar nicht MEIN Leben gewesen.

Interessant waren übrigens die Reaktionen von Verwandten und Freunden nachdem meine Frau und ich denen das ganze Ausmaß von Doro’s Alkoholabhängigkeit und meiner Co-Abhängigkeit geschildert haben.

Die wenigsten wollten das hören oder wissen. Obwohl sich natürlich einige denken konnten, was bei uns los war. Die wollten uns lieber still, unauffällig und funktionierend. So nach dem Motto: solange nichts nach draußen dringt, ist Saufen und „Kontrolletti“ und Leiden doch besser, als Therapie machen.

Ich kann gar nicht sagen, was ich mir alles anhören musste, als ich es gewagt habe, sechs Wochen in eine Klinik zu gehen. Manche hielten mich wohl für übergeschnappt oder für einen Sozialschmarotzer.

Auch wenn das natürlich Leute waren, die im Grunde genommen keine Ahnung hatten, was in so einer Klinik gemacht wird, hat mir das im Vorfeld schon viel ausgemacht, dass die so ne Meinung darüber hatten.

Später nicht mehr, ich weiß ja, wie viel positive Veränderungen dieser Klinikaufenthalt bei mir bewirkt hat. Ich werde ewig dankbar dafür sein, dass ich diese Möglichkeit für mich nutzen durfte.

> Wer neu anfangen will,
> soll es sofort tun,
> denn eine überwundene Schwierigkeit
> vermeidet hundert neue.
> (Konfuzius)

Übrigens habe ich seit der stationären Therapie in Grönenbach keine Krankengymnastik mehr gebraucht. Auch einen Arzt brauche ich kaum noch und Schmerzmittel nehme ich auch keine mehr. Ich habe begonnen in einem Fitnessstudio Krafttraining zu machen, das ist auch gut für meinen Rücken. Und natürlich bin ich insgesamt „viel besser im Lot“, da es mir von der Psyche her viel besser geht.

Als meine Frau schon ne Weile abstinent war, wünschte sie sich, dass wir zusammen einen Tanzkurs belegen. Ich habe zwar zwei linke Füße, aber ich bin ihr zuliebe mitgegangen. Die ersten Unterrichtsstunden waren nicht so toll. Aber ich habe dann doch ganz gut rein gefunden und habe mittlerweile auch viel Spaß daran. Das hätte ich vorher nicht gedacht. Es ist viel Übungssache, ein Naturtalent bin ich sicher nicht. Aber es ist toll, dass wir ein gemeinsames Hobby gefunden haben.

Das Fotografieren habe ich natürlich mittlerweile gut ausgebaut, das ist auch klasse und ein guter Ausgleich zu meiner Arbeit. Insgesamt bin ich nicht mehr so auf meine Frau fixiert.

Natürlich habe ich ab und zu Rückfälle in alte Verhaltensweisen oder habe Ängste, dass Doro sich wieder entscheiden könnte, zu trinken. Aber mir ist auch völlig klar, wenn es so wäre, könnte ich es nicht verhindern. Ich kann nur für mich gut sorgen und das werde ich in jedem Fall tun, egal ob meine Frau nun abstinent ist oder nicht.

Natürlich ist es für mich leichter, wenn sie abstinent ist. Aber mittlerweile weiß ich auch, dass ich in jedem Fall gut für mich sorgen würde. Ich bin seit meiner stationären Therapie in Grönenbach viel klarer, was mir gut tut und was nicht. Ich spüre mich viel mehr. Und ich weiß auch, dass ich gewisse Dinge, die mir nicht gut tun, nicht mehr tolerieren würde.

Heute bin ich immer noch der „Machertyp“. Aber ich habe gelernt, mich auch in vielen Dingen zurückzunehmen, für die ich eigentlich nicht zuständig bin. Das betrifft nicht nur meine Frau. Das sind auch viele Situationen im beruflichen Kontext.

Früher hab ich immer „hier“ geschrieen, wenn es kein anderer Mitarbeiter machen wollte. Ich war in meinen Arbeitsteams immer sehr beliebt.
Denn es war ja klar: der Horst, der machts. Der organisiert das, der übernimmt die zusätzliche Arbeit. Natürlich war ich auf die Anerkennung vom Chef und den Kollegen angewiesen, und so hab ich gerödelt ohne Ende.

Also, nach der Kur dachten alle in meinem Team, ich schmeiß mich jetzt extra ins Zeug, schließlich hatte ich sechs Wochen Auszeit gehabt. Das Gegenteil war der Fall. Ich habe mit ruhigstem Gewissen zur Verwunderung aller, erst mal einen Gang zurückgeschaltet. Interessant ist, dass es wohl in jedem Team Leute gibt, die das dann ausgleichen.

Warum immer der andere Kollege das jetzt braucht, **ich brauch es nicht mehr, das beste Pferd im Stall zu sein!** Ich kann auf die Mehrarbeit, für die ich mich selbst zwanzig Jahre lang zuständig gemacht hatte, gut verzichten.

Natürlich gibt es jetzt auch weniger Anerkennung vom Chef und von den Kollegen. Das kann ich aber gut aushalten, denn die Anerkennung kann ich mir jetzt selber geben.

Wenn ich mir so überlege, wer wirklich von der Angehörigengruppe profitiert hat, dann waren das hauptsächlich die Personen, die tatsächlich den Hintern hochgekriegt haben und HANDFEST etwas verändert haben.

Die Beraterin hat oft gesagt, die Handlung ist die Veränderung. Anders handeln als vorher ist also notWENDig. **Das können auch kleine Veränderungen sein, die aber eine Durchschlagskraft entwickeln, wenn sie beibehalten werden. Das schafft dann wirklich neue Fakten**.

Mir ist durch die letzten Jahre auch deutlich geworden, wie wichtig echte Freundschaften sind und dass ich nicht alle meine Wünsche und Bedürfnisse auf einen Menschen, also meine Frau, draufpacken kann.

Nach der Kur habe ich wieder Kontakt aufgenommen zu einem ehemaligen Kollegen mit dem ich mich immer gut verstanden habe. Ich habe damals den Kontakt einschlafen lassen, wohl auch, weil ich nicht wollte, dass er mitbekommt, dass meine Frau ein Alkoholproblem hat.

Jetzt treffe ich mich mit ihm regelmäßig um in die Sauna zu gehen und ab und zu machen wir auch mal eine Radtour zusammen. Das ist mir echt wertvoll geworden. Es ist auch ganz neu für mich einfach so sein zu können, wie ich bin, ohne auf die Fassade zu achten. Ihm auch mal zu zeigen, wenn es mir nicht so gut geht oder wenn es Probleme gibt.

Wer heute nichts ändert, lebt morgen wie gestern!
(Verfasser unbekannt)

Ich bin auch bei weitem nicht mehr so konfliktscheu und harmoniebedürftig, wie früher. Meine Güte, manchmal muss ich es halt aushalten, dass einer mich nicht so toll findet oder dass es mal scheppert. Das legt sich ja dann auch immer wieder. Ich suche nicht absichtlich Streit. Aber ich passe mich auch nicht mehr in vorauseilendem Gehorsam an alles an.

Alles in allem hat sich mein Leben sehr positiv entwickelt, seit ich mich selbst in meiner Not ernst genommen habe und endlich für mich Hilfe in Anspruch genommen habe. All meine Liebe und meine Bemühungen zuvor konnten meine Frau nicht vom Trinken abhalten.

Erst als ich gelernt habe, gut für mich selbst zu sorgen und das auch konsequent in Handlung umgesetzt habe, hat sich auch bei Doro etwas verändert. Natürlich gibt es keine Garantie, dass der Partner mitzieht, wenn der Angehörige sich auf den Weg macht. Doch in jedem Fall kommt etwas in Bewegung und ich würde doch sagen, in den meisten Fällen sind die Veränderungen positiv.“

Allgemeine Informationen aus der Angehörigenarbeit

Angehörige werden oft als „co-abhängig“ bezeichnet. Sie sind, diejenigen, die „den Laden schmeißen“, diejenigen, die (über-) funktionieren, diejenigen, die (übermäßig) Verantwortung übernehmen:

- weil sie es brauchen, gebraucht zu werden
- weil sie es allen recht machen wollen
- weil sie sich über andere identifizieren
- weil sie „retten“ wollen
- weil sie es gewohnt sind, sich um andere zu kümmern und zu sorgen
- weil sie die Helferrolle brauchen, um sich wertvoll zu fühlen
- weil sie sich auch bei unangemessenen Forderungen nur schwer abgrenzen können
- weil sie Bestätigung von anderen suchen
- weil sie es meist von Kind auf gewohnt sind, ihre Gefühle zu verleugnen und zu verzerren

Meist hatten die Angehörigen schon als Kind und Jugendliche in ihren Herkunftsfamilien „den Job, sich um andere zu kümmern“.

Häufig gab es in diesen Familien unausgesprochene Regeln, zum Beispiel, dass man bestimmte Gefühle nicht zeigt oder über seine echten Gefühle nicht spricht.

Bestimmte Gefühle wie Angst, Trauer oder Wut waren oft tabu. Die Kinder sollten gut, perfekt, selbstlos und pflegeleicht sein. Sie hatten zu funktionieren und meist Aufgaben zu übernehmen, die nicht altersgemäß waren (zum Beispiel der verzweifelten Mutter zuhören, erspüren, wann sie Papa rechtzeitig ein Bier holen mussten, damit dieser nicht unangenehm wurde usw.).

Das eigentliche Selbst wurde aufgegeben um sich innerhalb eines gestörten Familien- oder Beziehungssystems anzupassen. Co-abhängige sind übermäßig stark auf das Verhalten anderer Menschen bezogen. **Oft verlieren sie jeden Bezug zu ihren eigenen Gefühlen.** Sie sind häufig sehr loyal, auch wenn der andere längst keine Loyalität mehr verdient hätte.

Sie sind häufig sehr leidensfähig, aufopferungsbereit und achten oft überhaupt nicht darauf, wie es ihnen selbst geht. **Die meisten Gedanken und Gefühle kreisen um den Abhängigen und wie sie ihn „retten" können.**

Sehr häufig führt dies zu unglaublichem Leid, Stress, gestörten Beziehungen, Krankheiten, oft auch zu süchtigem Verhalten wie zum Beispiel Essstörungen, Medikamentenabhängigkeit und vieles mehr.

Manchmal sind Co-Abhängige regelrecht besessen davon, den Abhängigen vom Trinken abzuhalten. Sie geben sich selbst auf, in dem kräftezehrenden Versuch, den Abhängigen zu etwas zu bewegen, was dieser nicht will. Ja, womöglich nimmt der alkoholabhängige Angehörige nicht einmal ein Problem wahr.

Co-Abhängige erkennen nicht die Aussichtslosigkeit ihres Verhaltens. Meist neigen sie zu einer übertriebenen Fürsorge und sind verstrickt in die Probleme des Abhängigen. Sie sind es meist von klein auf gewohnt, sich um die Angelegenheiten anderer zu kümmern.

Ihre eigenen Angelegenheiten werden zurückgestellt, oft bis zur Selbstaufgabe. Ihr Wohlergehen machen sie ungewöhnlich stark davon abhängig, was andere tun oder lassen.

Bei der Partnerwahl bevorzugen co-abhängige Menschen Partner, die oft starke Problematiken aufweisen, das kann zum Beispiel ein Süchtiger oder ein depressiver Partner sein.

Mit großer Wahrscheinlichkeit wird ein Partner gewählt, bei dem der co-abhängige Mensch seine bereits in der Kindheit erworbene Rolle als Helfer, Umsorgender und Retter weiter ausfüllt.

Der Co-abhängige ist meist bestrebt, alles für den anderen zu tun und zu übernehmen, es kommt zu einem Ungleichgewicht in der Partnerschaft.

Die „Bedarfslage" eines Co-Abhängigen passt vielfach wie Schlüssel und Schloss zu einem Suchtkranken. Beide verstärken sich oft in wechselseitiger Abhängigkeit. Also: der Süchtige braucht jemand, der dafür sorgt, dass sein Leben nicht ganz aus dem Ruder läuft, der Co-Abhängige braucht jemand, um den er sich kümmern kann, **jemand, der ihn in der Helferrolle braucht**. Meist sind beiden Beteiligten diese Zusammenhänge nicht bewusst!

Sylvia Berke rät Angehörigen von Alkoholabhängigen in ihrem Buch „Familienproblem Alkohol" folgendes: (es wird hier davon ausgegangen, dass der Mann das Alkoholproblem hat und die Frau die Angehörige ist. Diese Rollenverteilung gibt es natürlich auch umgekehrt!)

1. Mit diesem co-abhängigen Verhalten wissen Sie irgendwann nicht mehr sicher, was eigentlich **seine** Sache ist und was **Ihre** Sache ist. Daraus folgt sehr rasch, dass Sie sich in der Hauptsache **seinen Kopf zerbrechen**, die Sorgen und Ängste übernehmen, die eigentlich er verspüren müsste, und dass Sie zunehmend **mit seinen Aufgaben und Angelegenheiten befasst sind und zu Ihren Bedürfnissen immer weniger kommen**. So werden Sie sehr viel Energie verbrauchen und vermutlich selbst irgendwann erschöpft und nicht mehr Sie selber sein.
2. Dieses Verhalten hat außerdem noch eine für Sie bittere Konsequenz: Durch Ihre aus Not und bester Absicht gewährte Hilfe **unterstützen Sie letztendlich den Süchtigen darin, dass er sein Trinken noch lange beibehalten kann,** ohne die unangenehmen Folgen seines Verhaltens zu spüren. Das heißt, während Sie ihrem abhängigen Angehörigen helfen wollen, **helfen Sie stattdessen der Sucht!**

> … wenn Sie Ihrem trinkenden Angehörigen wirklich helfen wollen, dann muss **diese Hilfe immer in Richtung Abstinenz gehen.**
> … Bei aller Liebe und bei aller Anstrengung können Sie ihn nicht trockenlegen, ihn nicht retten…
> **Ihre Hilfe kann nur darin bestehen, dass für ihn das Beibehalten des Trinkens immer weniger lohnend wird und dass Sie sein Trinken nicht unterstützen.**
>
> **HELFEN SIE AM BESTEN ERST EINMAL SICH SELBST!**
> (vgl. Berke, 2004, S. 76ff.)

Manchmal werde ich von Angehörigen in den Angehörigengruppen gefragt, ob sie schuld seien, dass ihr Angehöriger alkoholabhängig wurde. Nein, niemand kann jemand anderen zum Alkoholiker machen! Jeder ist für sein Leben selbst verantwortlich und für das, was er tut und lässt.
Allerdings erleichtert co-abhängiges Verhalten dem Süchtigen oft lange Zeit, dass er gar nicht wahrnimmt, dass er ein Suchtproblem hat.

Solange es Co-abhängige gibt, die sein süchtiges Verhalten (zum Beispiel Vernachlässigen von Pflichten) ausbügeln (zum Beispiel durch Übernahme von Aufgaben und Pflichten des Alkoholabhängigen), solange spürt der Süchtige oft gar nicht, dass hier etwas schief läuft.

Co-Abhängigkeit verläuft in **drei Phasen**, die sich im schlimmsten Fall ständig wiederholen können:

- Beschützen und Erklären
- Kontrolle
- Anklage

In der **Beschützer- und Erklärungsphase** wird der Süchtige vom Co-Abhängigen gedeckt. Co-Abhängige Frauen entschuldigen zum Beispiel den betrunkenen/verkaterten Ehemann, der nicht in der Lage ist, zur Arbeit zu gehen, beim Arbeitgeber und behaupten, der Mann habe eine Grippe oder ähnliches.

Co-abhängige finden Rechtfertigungen für das übermäßige Trinken des Abhängigen, verharmlosen und **bewahren den Abhängigen vor den Konsequenzen seines Verhaltens.** Nach außen versuchen sie die Fassade aufrecht zu erhalten und sie übernehmen immer mehr und mehr Verantwortung für den Süchtigen.

In der **Kontrollphase** dreht sich alles um das Suchtmittel. Co-abhängige versuchen das Unmögliche möglich zu machen und versuchen den Alkoholkonsum des Abhängigen zu kontrollieren. Vorwürfe, Misstrauen und Überwachungsaktionen prägen diese Phase.

Ob es dem Co-abhängigen gut oder schlecht geht, hängt fast ausschließlich vom Trinken oder Nichttrinken des Süchtigen ab.

In der **Anklagephase** sind die Co-abhängigen am Ende ihrer Belastbarkeit. Sie fühlen sich ausgelaugt, völlig überfordert und haben einen hohen Leidensdruck. Sehr häufig entwickeln sie (psycho-) somatische Beschwerden, wie zum Beispiel Schlafstörungen, Rückenprobleme, Infektanfälligkeit und vieles mehr.
Wenn Co-Abhängige überhaupt Hilfe für sich in Anspruch nehmen, dann sind sie meist in der Anklagephase.

Co-Abhängigkeit gibt es auch unabhängig von Suchtkranken. Die Ausprägungen sind sehr unterschiedlich.

Oft wird bei co-abhängigem Verhalten auch vom sogenannten **Helfersyndrom** gesprochen. Beim Zusammenleben mit einem Süchtigen kommt die Co-Abhängigkeit meist deutlich zum Vorschein. (Häufig auch zum Beispiel beim Zusammenleben mit psychisch Kranken, chronisch Kranken oder behinderten Menschen.)

Co-Abhängige haben meist schon in der Kindheit gründlich gelernt, dass sich immer alles um andere dreht. Sie sind es gewohnt, eigene Bedürfnisse nicht wahrzunehmen. Das hat nichts mit angemessener, wünschenswerter Rücksichtnahme, Hilfsbereitschaft oder sonstigem sozialem Verhalten zu tun.

Der Co-Abhängige verliert sich selbst völlig aus dem Blick, sein gesamtes Leben kreist fast ausschließlich um den Anderen.

Das Selbstwertgefühl ist meist sehr niedrig und abhängig davon, was der Andere tut oder lässt. Das eigene Lebensglück wird häufig am Anderen festgemacht. Sehr oft ist Co-Abhängigen Selbstfürsorge total fremd, während sie gleichzeitig für andere stark übertriebene Fürsorge betreiben, auch dann wenn der andere das gar nicht will.

Ralf Schneider schreibt zum Thema Co-Abhängigkeit in der Suchtfibel folgendes:

... Was kann jemand tun, wenn er sich von diesem Verhaltensmuster befreien will? Er oder Sie kann sich an eine Beratungsstelle und/oder Selbsthilfegruppe wenden.

Außerdem kann er folgende Ratschläge hören und beherzigen:
- Ich kann am Trinken des Abhängigen nichts ändern, denn er „muss" noch trinken. Ich drohe also nicht und ich kontrolliere nicht mehr, obwohl es mir natürlich nicht gleichgültig ist, solange ich etwas für ihn/sie empfinde.

- Dass ich verstehe, wie krank er/sie ist, heißt jedoch nicht, dass ich sein Verhalten und dessen Auswirkungen auf mich toleriere. Ich setze klare Grenzen, was ich in Kauf nehme und was nicht, und ich sage verbindlich, was ich dann tue.

- Ich ignoriere das Trinken, das heißt: Ich nehme es zur Kenntnis, aber ich tadele es nicht, ich spiele nicht Detektiv, ich lasse Lügen so stehen und verwickle mich nicht in derartige Diskussionen. Ich verwöhne und versorge aber auch nicht.
- Ich tue was für mich: Wie kann ich so gut wie möglich leben, Glück und Zufriedenheit finden, wenn der andere sich nicht ändert, aber ich mich nicht von ihm vollständig lösen will? (vgl. Schneider 2001, S. 77–79)

Ich halte es für unbedingt erforderlich, die Angehörigen in der Suchtkrankenhilfe mit einzubeziehen. Hilfreich sind meist Informationen über Sucht und Co-Abhängigkeit. Es hilft den Angehörigen auch fast immer, endlich über ihr best gehütetes Geheimnis sprechen zu können und andere Angehörige von Alkoholabhängigen zu erleben. Sie erfahren so, dass sie nicht alleine sind. Auch die Tatsache, dass sie typische co-abhängige Verhaltensmuster entwickelt haben, hilft ihnen oft, sich selbst besser zu verstehen und sich nicht mehr „herunterzumachen".

Wenn sie in der Gruppe erleben dürfen, dass andere Angehörige mehr Lebensglück und Zufriedenheit in ihrem Leben erfahren, nachdem sie gelernt haben, **die Aufmerksamkeit vom Süchtigen abzuziehen und mehr für sich selbst zu sorgen, hilft das oft auch ihnen selbst, erste Schritte in Richtung Selbstfürsorge zu unternehmen.**

Typisch ist es, dass **Allmachtsphantasien** (zum Beispiel: „meine Liebe wird den anderen retten") bei anderen Co-Abhängigen oft sofort gesehen werden, bei sich selbst aber nicht. So kann es zum Beispiel sein, dass eine Teilnehmerin sofort die Aussichtslosigkeit des Handelns bei einer anderen Gruppenteilnehmerin erkennt, die ihren Partner seit Jahren vom Trinken abhalten will. Sie erkennt dies bei anderen, bei sich selbst jedoch (noch) nicht.

Die Berichte der anderen Angehörigen sind dann wie ein Spiegel, in dem sie sich im Laufe der Zeit selbst erkennt und daraus lernt. Es ist jedoch nicht nur das Erkennen wichtig, sondern die UMSETZUNG IN HANDLUNG ist notwendig. Sonst bleibt alles beim Alten!

> Wenn du nicht bereit bist, dein Leben zu ändern,
> kann dir nicht geholfen werden.
> (Hippokrates)

Co-Abhängige sind es, wie bereits oben aufgeführt, nicht gewohnt, gut für sich zu sorgen. Sich zu fragen, was sie in ihrem Leben möchten, welche Lebensziele sie selbst haben, ist ihnen oft völlig fremd. Sie erleben diese Fragen meist als total egoistisch.

Sich für andere aufzuopfern erscheint ihnen dagegen häufig ganz normal. Auch dann, wenn dies offensichtlich keinen Sinn macht, niemandem hilft und ihr eigenes Leben ruiniert.

Auch Scham ist ein häufiges Thema bei Angehörigen von Alkoholabhängigen. Niemand soll mitbekommen, wie es in der Partnerschaft und in der Familie wirklich aussieht. Manchmal wird gegen die eigene Ethik verstoßen, um den Süchtigen zu decken und das Alkoholproblem weiter geheim zu halten.

Fast immer entsteht bei Angehörigen das Gefühl, den Alkoholabhängigen zu „verraten und anzuschwärzen", wenn der Angehörige endlich Hilfe für sich selbst in Anspruch nimmt.

Alkoholabhängigen hilft oft, dass sie gnadenlos mit den Konsequenzen ihres übermäßigen Trinkens konfrontiert werden. Manchmal ist genau das der Wendepunkt für den Alkoholiker.

Co-Abhängigen hilft oft, wenn sie die Aussichtslosigkeit ihres Handelns erkennen können. Wenn ihnen klar wird: all das Aufopfern, das Helfen und Retten wollen hat in den letzten Jahren/Jahrzehnten nicht dazu geführt, dass der Alkoholiker aufgehört hat zu trinken.

HINGUCKEN!

Dies zu realisieren kann ungeheuer schmerzvoll sein, da es die Angehörigen soviel Kraft gekostet hat und oft ihr einziger Lebensinhalt war. Häufig steht das Gefühl im Vordergrund: „Das kann doch nicht alles umsonst gewesen sein, ich habe soviel da reingebuttert!"

Es geht bei der Genesung von Co-Abhängigkeit nicht darum, nie wieder hilfsbereit zu sein. **Es geht darum, das übermäßige Kümmern und Verantwortung für andere zu übernehmen SEIN ZU LASSEN.** Auch das Überfunktionieren muss meist aufgegeben oder zumindest reduziert werden.

Das fällt Co-abhängigen häufig sehr schwer, vor allem, wenn sie wenigstens dafür in vielen Bereichen des Lebens Anerkennung erfahren haben. Allerdings zahlen sie früher oder später für dieses Überfunktionieren und für die Selbstaufgabe einen hohen Preis. Meist entwickeln sie (psycho)-somatische Beschwerden, häufig sind sie völlig erschöpft und ausgelaugt. Dies geht natürlich zu Lasten der Lebensqualität und der Lebensfreude. Sehr häufig kommt es zu Gefühlen der Wut, Resignation und Verbitterung.

Normalerweise ist der Genesungsprozess ein jahrelanger Lernprozess. Die unguten Verstrickungen müssen erkannt und die Aussichtslosigkeit des co-abhängigen Verhaltens muss realisiert und verändert werden. Hier hilft nur das konkrete TUN. Es ist also notwendig anders zu handeln, als seither.

Bei Stress kommt es oft zu „rückfälligem" Verhalten. Es ist wichtig, für eine ausgewogene Lebenssituation ohne übermäßigen Druck und Stress zu sorgen.

Soziale Kontakte, unterstützende Freunde und gesunde Interessen und Hobbys sind in jedem Fall hilfreich!

AUSPROBIEREN!

Meistens hilft alles, was das Selbstwertgefühl und die Lebensfreude stärkt.

Eine „innere Erlaubnis", dass es in Ordnung ist, Spaß und Freude zu erleben, ist manchmal auch notwendig.

Sehr häufig ist eine begleitende Psychotherapie sinnvoll. Manchmal auch eine stationäre Kur, um Abstand vom Alltag zu gewinnen und „die Batterien mal wieder aufzuladen". Das kann ein Aufenthalt in einer psychosomatischen Klinik sein oder evtl. auch eine Mutter-Kind-Kur.

Setze dich ein für dein Glück!

Selbstverständlich ist der Kontakt zu einer Suchtberatungsstelle und der Besuch einer Angehörigengruppe sinnvoll! Auch gute Literatur zum Thema Sucht und Co-Abhängigkeit hilft, zu erkennen, um was es überhaupt geht und stärkt den Rücken, auch wenn mal nicht alles reibungslos klappt.

Die Einstellung sich voll und ganz für das eigene Leben verantwortlich zu fühlen ist hilfreich! Gut für sich selbst zu sorgen ist keineswegs egoistisch und schließt übrigens die ANGEMESSENE Sorge für andere nicht aus, sondern ein.

Wenn jemand erst neu lernt, gut für sich zu sorgen, wird er wahrscheinlich nicht gleich von 0 auf 100 kommen. Sind jedoch die ersten Schritte getan, ergibt sich oft vieles von alleine.

Schlussbemerkungen und Dank

Herzlichen Dank möchte ich allen Angehörigen sagen, die ich im Laufe der letzten Jahre auf ihrem Weg begleitet habe. Vor allem danke ich Gisela, Elvira, Gabi, Anette, Christine und Horst für ihre Erlaubnis ihre Lebensgeschichten anonym in diesem Mutmachbuch zu veröffentlichen.

Ich hoffe, dass es viele Angehörige ermutigt und ihnen hilfreiche Informationen und gute Impulse gibt, um die ersten Schritte zu gehen und für sich selbst Hilfe in Anspruch zu nehmen.

Mir hat es wieder, wie bei meinem ersten Mutmachbuch auch, viel Freude gemacht, diese Mut machenden Lebensgeschichten zu schreiben. Schön ist es auch für mich, mitzubekommen, wie sich die einst völlig verzweifelten und oft sehr erschöpften Angehörigen, mittlerweile weiterentwickelt haben.
Häufig gab es dadurch auch in ihrem Umfeld sehr gute Veränderungen.

Bedanken möchte ich mich auch erneut bei meiner Schwester Bärbel und bei Doris Freund für das Korrektur lesen des Manuskripts.

Außerdem danke ich dem Schneider Verlag Hohengehren für die gute und wieder einmal sehr unkomplizierte Zusammenarbeit.

Literaturverzeichnis

Berke, Sylvia: Familienproblem Alkohol. Wie Angehörige helfen können. 2. Auflage. Baltmannsweiler: Schneider Verlag Hohengehren 2011

Haberkern, Sabine: Mutmachbuch für ein Leben ohne Alkohol. Betroffene aus Nachsorgegruppen berichten. 2. Auflage. Baltmannsweiler: Schneider Verlag Hohengehren 2010

Lindenmeyer, Johannes: Alkoholabhängigkeit. Fortschritte der Psychotherapie. 2. Auflage. Göttingen: Hogrefe Verlag GmbH&Co.KG 2005

Lindenmeyer, Johannes: Lieber schlau als blau. 6. Auflage. Weinheim: Psychologie Verlags Union, Verlagsgruppe Beltz 2001

Schneider, Ralf: Die Suchtfibel. Informationen zur Abhängigkeit von Alkohol und Medikamenten. 15. Auflage. Baltmannsweiler: Schneider Verlag Hohengehren 2010

Sprenger, Reinhard K.: Das Prinzip Selbstverantwortung. Wege zur Motivation. 5. Auflage. Frankfurt/Main: Campus Verlag 1996

Sprenger, Reinhard K.: Die Entscheidung liegt bei dir! Wege aus der alltäglichen Unzufriedenheit. 4. Auflage. Frankfurt/Main: Campus Verlag 1998

Tretter, Felix; Müller Angelica (Hrsg.): Psychologische Therapie der Sucht. Göttingen: Hogrefe Verlag 2001

Anhang

Informationen und Adressen

Systemische Beratung in Lebenskrisen
Sabine Haberkern
07242–9339584
E-Mail: sabine.haberkern@freenet.de
www.sabine-haberkern.de

Über das Telefonbuch, die Telefonauskunft, die Tageszeitung, ihren Arzt, die Krankenkasse, die Telefonseelsorge oder über das Internet erfahren Sie die örtlichen Beratungsstellen und Selbsthilfegruppen in Ihrer Nähe.

Weitere Kontaktstellen und hilfreiche Adressen:

Anonyme Alkoholiker (AA)
Waldweg 6
84177 Gottfrieding-Unterweilbach
Tel:08731-32573-0
Fax:08731-32573-20
E-Mail: aa-kontakt@anonyme-alkoholiker.de
www.anonyme.alkoholiker.de

Al-Anon-Familiengruppen
Selbsthilfegruppen für Angehörige und Freunde von Alkoholikern-Alateen Selbsthilfegruppen für Jugendliche Angehörige von Alkoholikern
Emilienstr. 4
45128 Essen
0201/773007
E-Mail: al-anon.zbd@t-online.de
www.al-anon.de

AA-Kontaktstelle für Österreich
Postfach 91
A-5400 Hallein

AA-Kontaktstelle für die Schweiz
Cramergasse 7
CH-8004 Zürich

Blaues Kreuz
Freiligrathstr. 27
42289 Wuppertal
0202/620030
E-Mail: bkd@blaues-kreuz.de
www.blaues-kreuz.de

Baden-Württembergischer Landesverband für Prävention und Rehabilitation gGmbH (bwlv)
Renchtalstr. 14
77871 Renchen
07843/949-141
www.blv-suchthilfe.de

Bundeszentrale für gesundheitliche Aufklärung
51101 Köln
0221/8992257
www.bzga.de
order@bzga.de

Deutsche Hauptstelle gegen die Suchtgefahren e.V. (DHS)
Westenwall 4
59065 Hamm
02381/90150
www.dhs.de
e-Mail: info@dhs.de

Gesamtverband für Suchtkrankenhilfe im Diakonischen Werk (GVS)
Heinrich-Mann-Str.31
13156 Berlin

Guttempler in Deutschland
Adenauerallee 45
20097 Hamburg
040/245880
E-Mail: info@guttempler.de
www.guttempler.de

Freundeskreis für Suchtkrankenhilfe Bundesverband e.V.
Untere Königstr. 86
34117 Kassel
0561/780413
E-Mail: mail@freundeskreise-sucht.de
www.freundeskreise-sucht.de

Kreuzbund e.V.
Selbsthilfe- und Helfergemeinschaft für Suchtkranke und Angehörige
Münsterstr. 25
59065 Hamm
02381/672720
E-Mail: info@kreuzbund.de
www.kreuzbund.de

Psychosomatische Klinik
Bad Herrenalb
Kurpromenade 42
76332 Bad Herrenalb
07083/5090

Zentrum im Kraichgau
Jeff und Julia Gordon
Weilerer Str. 62
74889 Sinsheim-Reihen
07261/61523
E-Mail: info@zentrumimkraichgau.de
www.zentrumimkraichgau.de